수필로 그리는 자화상 17

유혜자 수필선집
숨은 별 찾아내기

수필로 그리는 자화상 ⓐ

유혜자 수필선집
숨은 별 찾아내기

인쇄 | 2025년 7월 21일
발행 | 2025년 7월 23일

글쓴이 | 유혜자
펴낸이 | 장호병
펴낸곳 | 북랜드
　　　　06252 서울시 중구 퇴계로41가길 11-6, JHS빌딩 501호
　　　　41965 대구시 중구 명륜로12길 64(남산동)
　　　　전화 (02)732-4574, (053)252-9114
　　　　팩스 (02)734-4574, (053)252-9334
　　　　등록일 | 1999년 11월 11일
　　　　등록번호 | 제13-615호
　　　　홈페이지 | www.bookland.co.kr
　　　　이-메일 | bookland@hanmail.net

책임편집 | 김인옥
기　　획 | 전은경
교　　열 | 서정랑

ⓒ 유혜자, 2025, Printed in Korea
저자와 협의하여 인지를 생략합니다.

ISBN 979-11-7155-146-0 03810
ISBN 979-11-7155-147-7 05810 (E-book)

값 13,000원

숨은 별 찾아내기

유혜자 수필선집

북랜드

머리말
하류에 다다른 잎새

　자연과 사물에 귀 기울이며 떠내려와 이제는 하류에 다다랐다. 감사하게도 새로운 세계를 열어가지는 못했으나 물 흐름에 가라앉지 않고 생존해 왔음을 요행으로 여겨야 할까. 지난 50여 년은 나라나 문명이 급변했음에도 나의 글쓰기를 뒤돌아보면 이거다 우쭐하게 내세울 작품이 없음에 안타깝다.

　다만 나 스스로에게 주는 위안은 1970년대 우리네 경제성장 시기에 잊혀져가는 한국적인 미의식을 되찾으려 했고, 80년대는 삭막해져가는 세태에서 생명과 존재의 귀한 정서를 살리는 글을 쓰려 했다. 90년대에는 소재 확충으로 클래식음악과 문학의 만남인 음악에세이를 시도했고, 나아가 문화재에 대한 에세이를 쓰면서 수필의 입지를 넓혀보려 했다는 정도일 것이다.

　아무리 의도와 취지가 좋아도 깊은 사유나 철학, 내공의 축적도 없이 감동적인 글로 독자와 구원과 사랑의 통로를 마련하기 어려움을 절감한다. 특별한 재능이나 요령 없이도 하류까지 오도록 힘이 되어준 직장동료와 친구들, 문단 선후배님과 문우들께 감사하고, 작고하신 문단 선배와 스승님들이 더욱 그립고, 가족이 고맙다. 무엇보다도 은총으로 지켜주신 주님께 감사드린다.

나이 이슥하여 내는 선집이라 나의 이력, 자서전을 대신할 것이라 여기니 더욱 조심스럽다. 5부로 나눴는데 1부, 2부는 되도록 문학지, 수필지의 게재 순서를 따랐다. 3부와 4부의 전반부는 테마에세이를 시도한 음악에세이, 4부의 후반에 문화재에세이를 담았다. 5부는 오랜 글쓰기에도 발전하지 못했지만, 친지들에게 안부편지를 쓰는 심정으로 쓴 글들이다.

한국현대수필100년을 맞아 선집을 기획해 주신 장호병 대표님과 말쑥하게 꾸며준 편집진에게 감사드린다.

2025년 여름
芝石 유혜자

차례

■ 머리말 | 하류에 다다른 잎새

1부

종소리 12
초록 보리밭 16
병풍 앞에서 20
바가지 24
어머니의 산울림 28
그해 석 달 31
후문後門 36
동전 구멍으로 내다본 세상 41

2부

꿈꾸는 우체통 46
댓잎 사운거리는 소리가 들리시나요 50
살리에리의 친구 54
춘풍의 처와 남장 여인 포샤 59
고단한 감나무 64
유언비어와 마술 모자 68
숨은 별 찾아내기 73
색깔 있는 그림자 77

3부

콜럼버스의 바다, 드보르자크의 바다 82
그대 음성에 내 마음 열리고 85
시원한 냉면과 파가니니 89
자유의 금빛 날개 94
해 질 무렵 99
배려와 느낌의 미학 103
3월의 바람처럼 107
봄날 달밤에 그리운 과거를 회상하듯이 112

4부

은밀한 언어 118
차가운 빗방울과 단비 122
노란 복수초처럼 126
뒤셀도르프의 가스등 130
내일이면 늦으리 135
닮지 않은 이유 140
때가 되면 145
마음 그리기 150

5부

수필오디세이 '작가의 글방', 경구와 잠언이 있는 156
귀뚜라미의 전설 160
어머니의 강물 164
꿈나라 아이들 168
미완성이 아름다운 것은 172
아버지의 붉은 자고새 176
들찔레꽃 180
운이 좋아서 184

■ 작가 연보 188

1

종소리

머리에 뿔이 달린 도깨비가 자전거를 타고 쫓아오고 나는 아무리 달려도 제자리걸음인데 야단났다. 금방 잡힐 듯한 순간 어디서 종소리가 들려온다. 후유! 나는 눈을 뜨고 그게 꿈이었던 것을 알게 된다.

어릴 때 새벽에 잠을 깨면 옆자리를 만져 봤다. 할머니는 새벽 종소리가 나기 전에 이미 교회에 가시고, 나는 무서운 꿈을 꾸다가 종소리로 구원을 받았던 것이다.

내게 있어서 도깨비 꿈에서 깨어나게 하던 교회의 종소리는 해방의 종이요, 자유의 종이었다.

신주머니를 달랑거리며 주일학교에 다니면서부터 해방의 종이던 그 종소리는 나를 구속하고 말았다. 화창한 날 동무들과 놀다가도 종이 울리면 헌금을 받아 쥐고 교회에 가는 종소리의 노예 생활이 시작되었다. 교회의 종소리는 자애로운 할머니의 표정까지 굳게 해서 눈 감고 기도하기 싫은 나를 교회 바닥에 꿇어앉게 했다.

교회 마당 가장 높은 자리, 나무로 세운 종각엔 못 올라가게 금지돼 있었다. 그 무렵 내게 있어서 종은 손 닿을 수 없는 제일 높은 꼭두의 것이었고 불가능이 없는 전능의 것이기도 했다.

후일 그 소리는 나를 재미있는 놀이터에서 차디찬 마룻바닥으로 이끌던 종소리가 아니게 되었다. 어린 이성理性이 눈을 떠서 발걸음을 재촉하여 교회로 가게 된 것은 언제부터였던가?

감격스런 성서 얘기, 아담과 이브의 선악과, 홍해를 가르던 모세의 지팡이, 사자굴에 들어간 다니엘 얘기를 알아들을 때부터였으리라. 종소리는 먼 교회로의 길잡이였고 재미있는 설교를 알아들은 뒤부터 내 인생의 길잡이로 바뀐 것이다.

그러나 6·25는 내게서 종소리와 교회를 빼앗아 갔다. 수복 후 돌아와 보니 교회의 뒷마당에 풀이 수북하고 빈 종탑만이 서 있었다. 그뿐이 아니었다. 그토록 열렬히 설교해 주시던 선생님이 보이지 않더니 어느 날 술에 취해서 길에서 싸우는 모습을 본 것이다.

대포탄 껍질을 매달았던 교회의 종소리는 내 귀를 막게 했고, 새로 오신 선생님의 설교하는 모습 위에 술 마시고 행패 부리던 6·25 전 선생님의 얼굴이 자꾸 포개어졌다. 나는 그 뒤로 교회에 소리 좋은 종이 다시 걸리고 서울서 오신 신학대학생 강사가 어린이부흥회를 해도 별로 마음이 설레지 않았다.

나의 교회에 대한 종소리는 그때부터 길을 잃었거나 나 자신이 교회의 종소리를 못 알아듣는 귀머거리가 돼버렸다.

"여러분은 꼭 필요한 종이 되어 만인을 일깨우는 역할을 하라."던

학교 선생님의 말씀은 교회의 종소리 대신 한동안 내게 남아 울렸던 것 같다.

여러 가지 의미의 종소리에 우리는 웃고 울고 살아간다. 교회의 종처럼 보이게 매달려서 소리로 일깨우는 물체보다도, 다른 어느 가슴에 감동을 주어 울리는 큰 힘, 그런 종소리에 더욱 가치를 부여한 때도 있었다.

참된 의미를 고운 말씨로 표현해 본다면 누구 한 사람에게라도 울리지 않을까 하는 욕심, 예술에 대한 의욕 같은 것을 가져 보기도 했다.

그러나 나는 새벽 종소리를 흘려들어버리듯 남에게 울리리라는 생각도 능력도 잊어만 가는 걸까? 내 작은 영혼이 종소리에 잠깨던 날이 있었는데 이제는 침침하고 그늘진 구렁 속에서 헤어나지 못하고 있으니….

어릴 때 듣던 높은 종루에서 맑은 소리로 울려 줄 종소리가 다시 아쉬워진다. 기나긴 종소리는 크나큰 가능성을 갖고 있었기 때문이다. 노을이 짙은 강 건너에서 울려오던 종소리는 먼 곳 미지의 세계로 나를 달리게 했었다.

오뇌로 잠든 날 문득, 새벽 종소리에 깨었을 때 온갖 곤혹을 삭이고 일어나 앉고 싶던 기억도 있다. 아무리 마른 샘일지라도 기나긴 시간이 흐르면 물이 괴듯 오랜만에 듣는 새벽 종소리에서 옛날의 속마음을 찾던 기억 말이다.

어릴 때에 듣던 종소리가 청량한 음악이었다면 이제 듣는 종소리는 희미한 진동으로 가슴을 둔탁하게 때리는 소리에 불과하다. 지친 절규로 나태와 안일에서 벗어나라는….

종소리에 가슴 설레고 괴로워하는 자신이 역겨워서 종소리에 부담 없이 살아가는 사람을 부러워해 본 일도 있었다. 그러나 종소리는 어느새 내 마음의 고향이었다.

혼돈과 몽롱한 의식 속에 순수한 감각을 일깨워주던 새벽 종소리, 종소리를 듣던 순간에 내게 베풀어지던 순수한 일깨움. 타성에 젖어 버린 나를, 어릴 때 도깨비에게 쫓길 때 구원해 주던 것처럼 울려 줄 종소리가 아쉽다.

내 곁에 종소리가 없는 것이 아니다. 내 자신의 귀를 틔워 줄 종소리, 그 종소리를 다시 찾는 날 나는 남의 가슴을 울려 줄 또 하나 의미의 종소리가 마련될 것만 같다.

(1973.)

초록 보리밭

스튜디오 밖의 하늘이 일기예보대로 맑고 푸르다.
"보리밭 사잇길로 걸어가면 뉘 부르는 소리 있어 나를 멈춘다…."
해마다 이맘때면 이 노래를 자주 방송한다. 이 노래를 좋아하기도 하지만 들으면서 내 귓가에 또 하나의 소리를 들을 수 있기 때문이다. 어릴 적 보리밭 길을 지날 때 듣던, 바람에 사락사락 이삭이 스치던 소리, 무성하게 물결치는 밭이랑을 따라 내 기억의 이랑을 거닐 수 있기 때문이다. 열 살 무렵 5월은 무척이나 해가 길었던 것 같았다. 첫 여름의 구름이 한가로울 때 나는 친구들과 어울려 들판과 둑길을 자주 돌아다녔다.

어느 날 집에서 10리나 떨어진 순자네 집에 오디를 따먹으러 가는 길이었다. 허연 포장을 한 초라한 상여를 만났다. 친구 진영이는 어른들의 말처럼 재수가 좋겠다고 신나했다. 나는 발에 안 맞는 짚신을 끌고 훌쩍이며 가는 어린 상주가 자꾸만 마음에 걸렸다. 설익은 오디가 유난히도 신 것 같았다. 돌아오는 길엔 문둥이가 온다고 진영이가 소리쳐서 뒤도 안 돌아보고 집에까지 달려왔다.

문둥이도 무섭고 어린 상주도 불쌍해서 동네에서만 놀던 해가 긴 5월, 정숙이네 집에 갔을 때다. 표지 안쪽에 손가락 마디가 끊어진 손 사진이 있는 책을 봤다. "보리피리 불며… 나는 죽어서 파랑새 되리… 가도 가도 황톳길… 양말 한 짝 벗으면 발가락 한 마디가 떨어지고… 어머니도 아버지도 문둥이가 아니올시다…." 이런 섬뜩하고 눈물겨운 구절들이 적힌 한자 섞인 한하운 시집이었다.

어머나! 보리밭을 지나면 눈썹과 손가락 없는 문둥이가 애들의 눈에 고춧가루를 뿌리고 잡아먹는다고 했는데… 그토록 무서운 문둥이가 이런 슬프고 예쁜 시를 쓰다니, 더욱이 죽어서 파랑새가 되어서 푸른 하늘 푸른 들을 맘대로 날고 싶다는 그 소원이 너무 불쌍해서 어린 가슴을 저리게 했다.

그 뒤로 보리밭 길을 지날 때 보리이삭이 사락사락 스치면 한하운의 슬픈 소리가 들리는 것 같기만 했다. 문둥이는 어디서 굶어 죽지 않았을까? 그리고 순자네 집에 갈 때 만난 어린 상주는 어디서 보리피리라도 불고 있지 않을까? 풋풋한 보리밭 길에 나가서 나는 그만 슬픔의 싹만 트고 말았던 것이다. 싱싱해야 할 푸른 혼이 죽음에 대한 공포와 문둥이 시인에 대한 애상으로 얼룩져 버렸다.

보리밭을 지나도 서러움이나 무서움을 잊은 지 오래던 중학 시절, 학생기록 카드의 좋아하는 빛깔을 적는 난에 나는 초록색이라고 써 넣었다. 보리밭과 상여와 문둥이 시인의 회고로 해서 내겐 초록빛 보리밭에 대한 아련한 향수 같은 것이 자리잡고 있었다.

그 무렵 초록색에 대한 애상적인 의미를 바꿔야 할 일이 생겼다. 최정희崔貞熙 씨의 소설 『녹색綠色의 문』이 서울신문에 연재될 때였다. 주인공인 사춘기의 여학생 유보화는 '보리밭처럼 푸른 문안에 사는 하늘의 왕자'를 사모하고 있었다. 나는 사춘기 이전의 어린 나이였기 때문에 『녹색의 문』의 주인공처럼 이성에 대한 그리움은 아니었지만 막연한 동경과 부푼 기대로 미래를 채색할 빛깔이 초록이어야겠다고 생각했다. 슬픔이 아닌 순수한 동경과 기원 같은 초록빛으로 의미를 설정하려고 한 것이다.

5월이 되어도 보리밭 길을 쏘다닐 수 없는 도시로 떠나온 지 20년, 철없을 때 친숙했던 풀포기처럼 하늘거리는 보리밭 이랑이 그립다. 그 초록빛이 보고 싶다.

어린 날 느껴 보던 죽음과 고통의 의문을 풀기 위해서 문학수업을 하거나 사색을 일삼는 철학도는 아니었다. 문학에 대한 희구가 사춘기에 싹텄을 때 나는 「보리밭」, 「해바라기」 등을 그린 빈센트 반 고흐의 귀를 자른 일화를 들을 수 있었다. 폴 고갱이 고흐의 자화상을 보고 한쪽 귀를 잘못 그린 것 같다고 했을 때 고흐는 자기의 귀를 잘라 자화상에 대어 보이며 어디가 잘못 됐느냐고 따졌다고 한다. 고흐의 예술가로서의 처절한 심혼을 다 이해할 수 없었던 나는 문학지망 소녀로의 발돋움을 더욱 망설이게 했다.

고흐의 귀를 자른 충격적인 얘기에 감탄은 했지만 소질도 없이 단순한 정서로 예술가의 꿈을 꾸려던 나는 용기를 얻는 대신 주저와 체념으로 아무런 기반을 다져 보지 못하고 말았다. 그래서 그런지 나는 누렇게 익은 결실의 보리밭보다 이삭이 패지 않은 초록 보리밭을 좋아한다. 나는 성공 못 한 회오나 불만에 얽매이지 않는다.

나는 꿈의 초록밭에서 지칠 줄 모르는 어린 왕자로만 있고 싶은 것이다. 보리밭 노래를 들으면서 나는 젊고 푸른 보리밭만을 생각하고 싶다.

이제 내가 푸른 보리밭을 찾아간다면 문둥이 시인의 소리나 애달픈 죽음을 생각하는 대신 풋풋한 의지를 묻혀 오고 싶다. 겨우내 얼어붙은 땅 밑, 차가운 눈발 아래서 억세게 가꿔 온 초록 보리밭처럼 내게 병들지 않게 가꿔 온 꿈이 남아 있다면 영글지는 않아도 좋다. 노래 한 곡조가 끝나면 다른 노래를 다시 틀어 버리듯 내 초록빛 추억의 자락을 함부로 버릴 수는 없다.

이제 보리밭 노래도 끝나 버리고 창 너머 구름이 남쪽으로 흘러간다. 내 마음은 푸르게 사락거리는 보리밭으로 달리고 있다.

(1974.)

병풍 앞에서

그림에 대한 식견도 없으면서 가끔 친구들과 함께 그림 전시회를 기웃거려 본다.

초등학교 5학년 겨울 피난 시절, 노환으로 누워 계시던 외종조부께 자주 놀러 갔다. 문밖에선 겨울 나무가 마구 몸부림치고, 쌓인 눈을 털어내리는 거센 바람이 문풍지를 울게 해도, 키 높은 병풍 옆은 안온해서 좋았다.

활 쏘는 그림 속에서 화랑도의 세속오계와 풍류를 떠올리고, 효녀 심청이가 나왔다는 연꽃 그림을 보려고 키 높은 병풍 그림 앞에서 발돋움하면 문밖에선 낮닭이 홰를 치며 울기도 했다. 원두막에서 참외를 먹다가 떨어뜨려, 엎드려 주우려는 꿈에서 깨어나 보면 피리를 불며 내려다보던 신선도神仙圖.

할아버지의 머리맡에 펼쳐 있던 병풍의 그림을 다 기억할 수 없어 안타까울 때도 있다. 부여 낙화암의 삼천궁녀 비사를 배울 때 병풍 가운데쯤 있던 절벽 그림이 생각나고, 수학여행 때 골안개가 자욱한 산속에서 길이 안 보여 기다릴 때, 새소리 물소리를 들으면서 병풍 앞에서 귀를 틔우고 시야를 넓히고 싶던 욕심을 상기하기도 했다.

지금 나는 내 앞에 우뚝 솟은 풍악楓岳의 웅장한 그림을 보며 조금 뒤로 물러섰다. 먼 산의 어렴풋이 드러난 능선의 아름다움, 중간 부분에서 앞으로 다가오는 산의 육중한 가슴, 그리고 산기슭에서 붉게 피어난 단풍과 간간이 섞인 소나무의 청청함.

어느 날이었던가. 오랜만에 할아버지 방에 들러 보니 병풍 몇 폭이 접혀 있고 산을 향한 뒷문 쪽이 틔워져 있었다. 지금 생각해 보면 병상에 오래 계신 할아버지는 창 너머 구름결에 눈을 보내며 무언가 자연에 대한 대화의 운을 틔고 싶으셨나 보다. 그때 문틈으로 뒷산을 내다보니 뒷산 기슭의 나무들이 우우 하고 우는 것 같았다.

천년이나 산다는 학의 그림을 가까이 보며 그 장수함을 부러워하셨을까? 하얗게 센 이마 위에 숨가쁘게 펄럭이던 등잔불의 그림자, 이불을 포개어 귀까지 덮으시던 할아버지의 귓가에 겨울 나무의 울음은 어떤 의미로 울렸을까?

동양화, 그중에서도 산수화는 아무리 현대 기법으로 다듬었어도 눈 덮인 산속과 초가집 그림을 보면 전설이 떠오르고 지금은 주인공이 없는 할아버지 댁의 빈 사랑 생각에 추연해진다.

그해 겨울이 거의 지나고 봄이 멀지 않던 2월, 바깥 기동을 못 하던 할아버지는 뒷산에 눈이 첩첩이 쌓여 까치도 못 날던 날 아침, 운명하시고 말았다. 차가운 눈 속에서도 피어난다고 해서 애써 가꾸시던 매화의 봉오리가 곱게 벙글고 병풍 폭의 매화도 피어 있건만 할아버지의 기침 소리가 들리지 않아 툇마루에 앉아서도 허무하던 기억.

12폭의 그림 중에서 몇 폭의 그림이 잘 떠오르지 않아 안타깝다. 꼭 필요한 것도 아닌데 집착이 가서 정작 구경하러 온 전시회의 그림을 몇 개씩 그냥 지나치기도 한다.

　나는 다시 발길을 멈춘다. 신라의 솔거가 황룡사 벽에 소나무를 살아 있는 것처럼 잘 그려서 새가 앉으려다 떨어졌다는 얘기에 감탄한 일이 있다. 나는 그 생명력 있던 그림을 상상하다가 한 그림 앞에 우뚝 서고 말았다. 바로 이거다. 옛날의 그림이 사실적인 생동감이었다면 요즈음 그림은 또 다른 창조로 우리 서정을 부를 수 있는 게 아닌가? 나무가 새를 부르는 영감보다 더욱 높은 차원의 맥락脈絡이, 화가가 그린 영상과 우리 영혼 사이에 이어질 수 있는 예술의 극치, C 화백의 역작 앞에서 머뭇거린다.

　우리는 높은 예술의 감동 앞에서 차분히 기억해 보면 결코 남의 것이 될 수 없던 잊혀졌던 순간들이 숨 쉬는 것을 느끼게 된다.

　문외한이기 때문에 색채만 있고 형상이 없는 것 같은 현대화를 보며 남겨지는 의미를 아쉬워한다. 그래서 그림 보기를 꺼리는 내 앞에 이따금 화사하게 혹은 신비롭게 꾸며진 화폭이 눈에 띌 때 나는 그림 전시회에 온 것을 잘했다고 생각하기도 한다.

　춘하추동의 열두 달을 병풍 속에 담아 작은 세월과 우주의 축도縮圖로 어느 인생의 머리맡에서 증인이 되기도 하고, 울타리처럼 지켜준 병풍, 화려한 색채도 없이 담묵과 엷은 색채를 곁들인 것으로 격이 높은 그림도 아니었다고 기억된다. 그러나 나는 그 작은 우주 안에서 할

아버지가 가끔 갈아 놓으시던 묵향처럼 은은한 정서의 향기가 내 의식 속에 배어들 수 있었다고 생각한다.

돌아가신 할아버지, 그분의 생애는 12폭 병풍에 그려 둘 만큼 훌륭했거나 다채로운 모습이 아니었지만, 병풍 앞에서 들려주신 얘기가 내게는 권선징악의 교훈이었고 보다 높은 차원으로의 일깨움이었다. 충·효·예·지·신의 토막 얘기를 들으며, 나는 인간의 빛나는 모습과 향기를 찾아 산수도에 보이는 좁은 길 같은 오솔길을 찾는 버릇을 지니며 자라게 되었다.

결코 병풍 안쪽에서만 아늑하게 살아갈 수 없는 너무나 넓은 우주 안에 우린 살고 있다. 대단할 것도 없는 꿈을 이룩해 온 나만의 밀실인 병풍 안쪽에서 그림들을 보며 자연과 인간사에 애정 어린 눈길을 다소 마련할 수 있었던 것이 다행한 일이다.

우리가 타고난 12폭의 능력 중 접혀 있는 폭을 펼치고, 보다 다양해진 형상 앞에서 먼 지표를 향해야 하는 자기 계발의 의무가 과제로 안겨 온다. 어릴 때 12폭 병풍 앞에서 시간과 공간을 초월할 수 있었던 동심을 회복할 수 없어서 멀기만 한 길.

그림을 보며 아직도 신비한 욕심을 찾으려는 미술감상의 실격자로서, 고차원의 빛깔로 이미지를 구축한 힘찬 예술 앞에서 당황하기도 한다. 이따금 옛것의 환상에 빠져서 엉뚱한 그림 앞에 멈춰 있는 나를 두고 친구들은 내가 무척이나 그림애호가인 줄 알고 먼저 전시회장에서 나가 버리기가 일쑤다. (1976.)

바가지

오랫동안 소식 없던 시골 친구가 바가지를 보내왔다. 노란 햇바가지를 코에 대어 보니 아련한 시골의 향수가 쑥냄새처럼 피어오른다. 윤기가 돌아 보이기에 얼굴을 비쳐보니, 얼굴 대신 초가지붕 위에 놓인 하얀 박이 파란 하늘을 이고 있는 초가을 풍경이 다가온다.

해마다 이맘때면 함지박만 한 큰 바가지에 감과 호박 오가리, 가지 말린 것, 그리고 찰떡을 담아오던 외할머니의 동백기름 냄새도 배어 있는 것 같다. 도회지 살림을 하는 딸에게 농사지은 것 중에서도 가장 반듯하고 쓰기 좋은 바가지도 몇 개씩 가져오셨다. 둥그런 박처럼 원만하게 지내고 복바가지의 소원까지 기원하셨을 보살핌이 가슴에 울려 와닿는다.

옛날에는 딸을 시집보낼 때 혼수 외에도 가마 뒤에는 바가지까지 주렁주렁 매달아 보냈단다. 쌀 씻어 먹을 큰 것, 밀가루 담을 것, 뒤주와 간장독에 넣을 종고래기까지 안 깨지도록 조심스럽게 달아 보냈다고 한다.

나는 친구가 보낸 작은 바가지를 보며 다정다감한 그녀가 박꽃을 보며 시정詩情을 삼켰을 모습보다 먼저 떠오르는 환상을 떨쳐버릴 수가 없다. 서늘한 가을밤, 지붕에 얹힌 때늦은 박을 보며 '저게 박노릇을 할까' 하는 염려, 그보다도 시집보낸 막내딸이 시집살이에 잘 견딜까 하고 담배연기와 한숨을 뿜으셨다는 어느 할아버지의 주름진 얼굴 말이다.

우리 집에도 얼마 전까지 할머니가 쓰던 반질반질한 종고래기가 뒤주 속에 있었다. 할머니가 시집올 때 그 아버님이 유교관댁柳校官宅이라고 새겨서 보내 주신 것이었다. 시집살이가 고되어도 그 종고래기가 뒤주에서 쌀기름이 배어 윤날 때까지만 참으면 되리라고 짐작하셨을지 모른다. 속살도 겉껍질도 닳아서 얇아진 그 종고래기처럼 희생과 헌신으로 일관한 할머니의 모습이 새삼 떠오른다. 저녁에 피는 박꽃처럼 찬사도 없는 희생 속에서도 계속 인정미를 잃지 않고 주위 사람에게 인정의 바가지를 수북이 베푸시던 모습이 말이다.

인생을 살아가는 머나먼 길의 애환을 함께한 바가지의 역사도 꽤나 거슬러 올라가야 할 것 같다. 신라의 시조 박혁거세朴赫居世는 박 같은 알에서 나왔다 해서 박씨가 되었다던가? 우리나라에서 바가지를 쓰기 시작한 것도 그 무렵일 거라는 얘기다. 그리고 옛날에는 바가지를 주술呪術이나 금기禁忌에도 사용했다고 한다. 혼인 때는 신부의 가마가 신랑집 문전에 다다르면 박을 통째로 가져다 깨뜨리며, 납채를 할 때는 바가지를 엎어놓고 밟아 깨뜨려 소리를 냈다. 또 병에 걸리면 바가지와 칼로 병귀를 쫓았다니 귀신을 물리치는 무서운 도구이었다. 박은 광명光明을 뜻하는 고어 '붉'에서 변해온 '박'이라는 해석이다. 그래서 귀신을 쫓는다고 믿은 것인지.

지치고 아픈 발걸음을 한 발자국 뗄 때마다 꽁무니에서 바가지가 달그락거리고, 그래서 뒤돌아보면 뻐꾸기가 따라 울던 고갯길, 일제말기 우리 조상들이 일본인에게 농토를 빼앗기고 간도間島로 남부여대男負女戴하고 찾아갈 때 등짐 뒤에서 달그락거리며 보채던 바가지.

그들은 바가지를 일상용구로서보다도 그들의 통곡과 좌절, 그리고 흥부가 지녔던 소망 같은 것과 함께 고향 초가지붕에의 향수마저 담고 다니며 함께 웃고, 울고 싶었던 것이 아닐까?

작은 바가지를 뒤집어 본다. 이렇게도 단순한 모양새로 신라시대에도, 이제도 그대로 침묵의 소리로 지켜온 우리네 유산. 작은 것은 작은 것대로, 큰 것은 또 큰 것대로 쓰이며 우리네 분수를 지켜온 바가지. 큰 파도 위에서는 크게 흔들리고 작은 물굽이에서는 그대로 넘실대며 갈앉지 않는 모습으로 살아온, 그것은 역사의 애환과 함께 우리의 민족성의 은밀한 내면을 가장 잘 속삭여 주고 있는지도 모른다.

바닷물도 바가지로 퍼내어 언젠가는 줄이리라는 옛님의 꿈도, 표주박으로 산곡간山谷間에 흐르는 물이나 마시자던 안빈낙도安貧樂道의 모습도 뒤섞여 온 세월. 역사의 혼류混流 속에서 가라앉지 않고 표표히 흘러내려 온 우리의 정신을 지배한 것은 바로 박의 뜻인 광명과 평화의 미래지향이 아닌가?

숨은 별 찾아내기

할아버지 대에는 할아버지 대의 박덩굴이 뻗어 있었고, 또 할아버지의 아버지 대는 또 그렇게 이어졌을 박의 숨결, 그 숨결을 거슬러 가노라면 토함산吐含山의 해맞이까지 올라설 수 있을 것 같다. 밝은 것을 숭상하는 것이 우리 정신의 고향이었다. 그러면서 박꽃을 보며 시정을 키우듯 예술을 꽃피웠고, 둥그런 박의 성질을 본받아 원만하기를 지향하며, '흥부의 박' 같은 희망까지 지녀 온 우리.

바가지 하나에 시와 철학까지 부여하고 바가지를 들여다보며, 지붕 위에서 맘껏 열기를 마시며 푸르게 몸을 키웠다가, 다시금 담백한 빛깔로 식히며 씨앗을 가꾼 성숙의 의미도 새겨 본다.

박을 톱으로 타기 전에 잘 여물었나 망설이듯, 우리가 가꿔 온 작은 결실을 주저하며 마무리할 준비는 돼 있는 걸까?

지금 초가가 걷히면서 바가지도 거의 사라지고 있다. 그 대신 값싸고 튼튼한 PVC제 바가지가 범람하고 있지만, 그래도 바가지가 지녔던 민족적 정서와 함께 밝음에 대한 지향이야 영원해야 하리라고 바라며, 친구가 보낸 바가지를 볕 잘 드는 곳에 걸어 본다.

긴 사연 없이 바가지 하나로 하많은 사연을 담아 보낸 친구, 이른 새벽, 혹은 놀이 지는 저녁 우물가에서 바가지에 담긴 안빈安貧과 자족으로 먼 세월을 기다리는 친구여. 이제는 속박과 좌절에서 벗어나 어둠 속에서도 하얀 꽃을 피우는 박의 지혜를 마련했음을 나는 알고 있다. 그토록 동그랗고 야무지게 가꿔 보낸 바가지의 모양처럼 확실하게 말이다.

(1976.)

어머니의 산울림

　이름 모를 작은 꽃들이 여기저기 피어 있는 산길을 어머니를 따라 부리나케 걸었다. 지나온 발자국마다 반짝이는 햇살이 담기어 또 다른 꽃이라도 피어날 것 같아 뒤돌아보며 가고 싶은데 어머니의 걸음은 너무나 빨랐다. 한눈을 팔다 보면 어머니는 저만치로 멀어졌고 꽃이라도 몇 송이 따고 나면 오솔길 저편으로 어머니의 치맛자락만 보이며 솔바람이 한 움큼 다가와 나는 겁이 왈칵 났다. 이럴 때 달려와서 나를 업고 가 주시면 얼마나 좋을까.

　나는 학교에 다닐 때쯤 해서도 나의 어머니가 자애롭다는 생각을 하지 않았다. 비가 부슬부슬 내리는 날이면 우산 들고 학교를 찾아오는 친구의 어머니, 아이들에게 친절하고 재미있는 동화를 들려주는 어머니, 외동딸을 위하여 밤새 바느질을 하면서도 딸만은 공주처럼 꾸며주는 홀어머니, 어느 먼 곳에서 이따금씩 편지와 함께 예쁜 모자나 원피스를 보내 주는 친구의 어머니를 부러워했다.

　그뿐인가. 『엄마 찾아 3만리』나 다른 동화에서 어머니의 사랑은 위대하다고 느끼면서도 나와는 전혀 무관하다는 생각까지 했다.

　지금 생각해 보면 우리 어머니가 그렇게 유달리 냉랭한 편이 아니었는데도 나는 불만이었다.

　"어미 우렁이가 논 가운데 떠 있으니까 새끼 우렁이가 '우리 어머니 선유船遊하네' 했다더라."

　나는 종종 어머니에게서 이런 말을 들은 일이 있다. 아기자기한 대화나 기분을 맞춰 주는 대신 행동으로만 큰 울타리를 만들어 주는 보살핌을 못 느꼈다. 그래서 자주 불평하는 내게 회초리 대신 들려준 비유였다.

　할머니 품에서 자라는 맏딸이 어머니를 계모인가 의심하는 줄도 모른 채 맏며느리이며 외며느리인 어머니는 큰 집안의 살림을 대범하게 이끌어 가셨다. 내가 병치레를 자주 하여 죽을 고비를 넘길 때마다 애간장 끓이시던 어머니의 노고나, 집안의 대소사를 주선하며 친척들에 대한 치다꺼리에 가쁜 숨을 몰아쉬던 처지를 이해 못 한 철부지였다.

　어느 날 친구들과 들길을 걸어 20리나 되는 마을로 놀러 갔다가 길을 잃었다. 어느 친구는 날이 어둑어둑해져서 방향을 못 찾게 되자 당장 어머니를 부르며 엉엉 울고 나도 무서워서 한 발을 못 떼고 있었다. 그때 G읍의 극장 스피커에서 자주 틀어대는 '산골짝의 등불' 노래가 언뜻 바람에 실려 왔다. "아득한 산골짝 작은 집에 아련히 등잔불 밝히며 그리운 외아들 돌아올 날 늙으신 어머니 기도해…" 이런 내용이 담긴 노래에 나는 문득 어머니의 얼굴이 떠올랐다. 우리 어머니는 지금쯤 어떻게 날 기다리고 계실까. 어머니! 나도 다른 아이들처럼 어머니를 부르며 크게 울었다.

밤늦게 불켜진 집 안에서 뛰어나오며 안고 쓰다듬어 주던 할머니 뒤에서 조용히 눈물을 훔치던 어머니의 모습. 나는 그때 어머니의 속마음을 바늘귀만큼 알아챘던 것 같다.

자식들 거두기에 골몰하여 어미 우렁이가 자기 몸도 못 숨긴 채 황새에게 파먹혀 빈 껍질이 된 줄 모르고, 어미가 호강스럽게 뱃놀이나 하는 것으로 여긴 우렁이처럼 나도 철부지로 살아오고 있다.

깊은 수렁 속에서 쏟아지는 설움을 삼키며 지내 온 어머니의 빈 세월이 얼마나 길었으리라는 것을 이제야 느끼기 시작한다. 남들이 흔히 쓰는 말로 숲속에서는 숲을 못 보듯이 어머니의 사랑 가운데 있을 때는 그 깊이를 못 느끼게 되나 보다.

이따금 지치거나 막막한 기분이 들면 어머니와 함께 바쁘게 걷던 산길을 생각한다. 서두르지 않으면 목표지까지 갈 수 없던 큰 배려를 모르고 마냥 놀고 싶던 어릴 때처럼 어리광의 자세가 아닌가. 발밑만 살피다가 산의 큰 모습을 못 보게 되는 근시안이 된 것은 아닌가 하고 되돌아본다.

외가로 가는 길목의 커다란 소나무. 고향을 지켜 주는 그 구부정한 허리 위로 얼마만큼 비바람이 스쳐갔을까.

언제나 흔들리는 잎새인 나의 약한 혼을 다잡아 주는 어머니의 커다란 둥지, 세찬 바람은 언제나 바깥에서만 머물게 하고 안으로 한 움큼 울음을 묻으며 버티는 어머니의 의지를 나는 배우고 싶다.

봄날을 부풀리는 아지랑이 깃처럼 부드럽지는 않아도 머나먼 산울림을 가슴에 지닌 채 지켜보는 어머니, 어머니…. (1984.)

그해 석 달

비가 자주 오던 6월의 마지막 장날이었다. 나는 비가 올까 봐 조바심하던 것과는 달리 쨍한 햇볕에 신이 나서 장터로 뛰어갔다. 방앗간 앞에 다다라서는 걸음을 멈추고 벽에 기대어 저편에 책장사 아저씨가 나왔는가 살펴봤다. 틀림없이 등이 구부정한 아저씨가 돌아앉아 있는 것을 확인하고 쏜살같이 뛰어갔다.

그렇게도 기다리던 아저씨가 이번엔 만화 『선동왕자』 3편을 꼭 가져왔을 것 같아서였다. 그러나 아저씨는 그 책은 아직 안 나왔다면서 다른 책을 내밀었다. 노란 머리에 예쁜 원피스를 입은 소녀들과 반바지에 눈이 파란 소년들이 그려진 표지의 『꿈나라 아이들』이란 동화책이었다. 다른 만화처럼 얄팍하지 않고 내용도 좋아보여 그 책을 사고 싶었지만 돈이 모자라서 부리나케 집으로 달려갔다.

손님들과 얘기 중인 아버지는 내가 왔다 갔다 해도 여느 때와는 달리 본 척도 안 하셨다. 나는 안타까워서 손님들 앞에서 무릎쓰고 책값을 주시라고 했다. 선뜻 돈을 줄 줄 알았던 아버지는 "꿈속 같은 얘기를 하는구나. 꿈나라 아이들이고 뭐고 난리가 나서 피난을 가야 한단다."며 심상치 않은 표정으로 손님들과 얘기만 하셨다.

집 안에 들어오니 할머니와 어머니도 장롱을 열어 놓고 옷을 주섬주섬 싸고 계셨는데, 돌아다니는 나를 나무라실 것 같아 얼핏 뒤꼍으로 나가 봤다. 수돗가에선 이웃 아주머니들이 피난 갈 장소를 서로 묻고, 곡식을 씻으며 며칠 동안의 음식을 장만해 가야 한다고 서둘렀다. 그리고 우리 집 부엌언니는 담 옆에 땅을 파고선 아끼던 예쁜 사기그릇들을 묻고 있었다.

30리 밖, 먼 친척인 과수원 댁으로 피난 간다는 것만 알아낸 나는 얼른 흰 운동화를 내다가 분필가루를 칠했다. 석이네는 떡을 해 간다는데 내딴엔 감자라도 쪄가는 것이 좋을 것 같아 어른들이 시키지도 않은 감자껍질을 벗기며 소풍 준비하듯이 콧노래를 불렀다.

할머니는 우리를 안심시키려는 의도에서였는지, 아니면 실제로 그렇게 믿으셨는지 "도회지는 위험하니까 시골에 며칠만 있다 오면 된다."고 하셨다. 나는 며칠 동안이라도 두고 떠나는 텃밭 옆 돼지우리 속의 돼지들과 닭장의 닭들이 안쓰러워서 삶은 감자와 보리쌀을 듬뿍 뿌려 주고 돌아섰다. 그날의 해맑은 초여름 바람은 무척 신선해서 기분이 상쾌했다.

과수원 아저씨 댁엔 우리 가족 이외에 타지에서 피난 온 사람들이 헛간까지 차지했으나 대부분 친절했다. 며칠 후 아버지는 혼자서 우리 집에 다니러 가셨다. 밤중에 멍석에 누워서 밤하늘을 보며 이제나 저제나 하고 아버지를 기다리는데 웬걸, 쿵하고 먼 곳에서 폭격 소리가 들려오는 것이 아닌가. 벌떡 일어나 보니 우리 집이 있는 K읍 쪽에서 벌건 불길이 보이고 있었다. 어머나! 전쟁도 아닌데 공연히 피난 온 것같이 평화롭던 가슴이 드디어 쿵쿵 뛰기 시작했다. 할머니는 서성거리는 우리를 앞혀 놓고 기도를 했지만 가슴이 졸아든 나는 폭격 소리에만 신경이 쓰였다. 함께 피난 온 옆방 아주머니는 우리를 쓰다듬으며 별일 없을 거라고 안심시켰다. 그런데 좀 전까지도 상냥하던 한 젊은 새댁은 우리네가 관공서 간부 가족이기 때문에 적이 오면 위험할 거라고 입을 삐죽거렸다.

등에 닿는 멍석의 껄끄러움도, 팔뚝을 뜯는 모기떼도 아랑곳없이 밤을 지새고 얼핏 잠든 새벽, 꿈결엔 듯 들려 온 아버지의 목소리에 잠을 깼다. 이미 K읍에도 인민군이 쳐들어와서 허겁지겁 싸온 아버지의 보따리 속에선 뜻밖에도 하모니카가 굴러나왔다.

며칠 후엔 동네 청년들이 우리를 모아다가 생소한 북한노래를 가르쳤고 이따금 저쪽 언덕에서 빼앗아 간 내 하모니카로 서툴게 부는 그 노래 멜로디가 폭격 소리와 함께 들려오곤 했다.

이따금 도회지에 다녀온 피난민들이 쉬쉬하며 인민재판이나 학살 장면, 폭격으로 죽은 험악한 시체 얘기를 할 때, 우리의 공포는 아랑곳하지 않는 듯이 은빛 날개로 날아가던 B29. 어쩌다가 배과수원에서 까치가 울 때면 어머니는 입버릇처럼 "오늘은 반가운 일이 있으려나 보다."며 우리 집으로 가는 황토 고갯길 쪽을 올려다보곤 하셨다.

그 황톳길 왼쪽에는 목화밭이 있었다. 그해 처음 본 연분홍 목화꽃은 따발총 소리나 폭격과는 상관없이 곱고 평화롭게 피어 있었다. 꽃이 지고 보풋하게 피어나는 목화송이는 포근하게 감싸 줄 것 같아 자주 갔다. 목화밭에서 집으로 가는 고갯길을 자주 바라보던 어느 날이었다.

낯선 군복의 지친 사나이가 절뚝거리며 주인아저씨 댁으로 들어가는 것을 봤다. 말로만 듣던 인민군이었다. 아저씨 댁은 아들이 6·25 전에 월북한 집이라서 인민군을 반기리라 생각했다. 우린 무서워서 금방 집에 못 가고 뒤늦게야 들어갔더니 이미 인민군이 떠난 뒤여서 안심하고 잠이 들었다.

다음 날 아침 이른 새벽 우물가에 나가 보니 주인아주머니는 돌아앉아 붉은 물이 우러나는 커다란 북한 깃발을 북북 치대며 빨아 대고 있었다. 석 달 동안 그 댁 안방에 모셔 두고 있던 것을 그림이 망가지도록 빠는 것이 이상해서 어머니께 뛰어가서 알렸다. 어머니는 놀라는 대신 웃으며 그 헝겊은 이제 이불속이나 만들 것이라면서 난리가 끝났으니 집으로 돌아가자는 것이 아닌가.

나는 너무 신이 나서 우선 K읍으로 가는 고갯길 쪽으로 내달려 나갔을 때였다. 분명 너무 가까운 곳에서 탕! 하고 총소리가 났다. 저만치 나무 뒤에서 쓰러지는 인기척에, 집 안에서 달려나온 이들과 함께 가 봤을 때 전날 본 인민군이 가슴에서 피를 흘리며 쓰러져 있었다.

아! 누가 쐈을까. 전날 저녁에 떠난 인민군이 왜 그때까지 거기 있없을까 하는 의문을 못 풀면서도 돌아가는 길이 피난 올 때보다 훨씬 가까운 거리임에 놀랐다.

폭격에 타 버렸다고 들은 우리 집은 어떤 모양일까. 높은 소방탑의 철골이 저만치 보였을 때 내 가슴은 우선 치솟았다. 그러나 길목의 우리 학교 운동장엔 응당 있어야 할 2층짜리 교실이 온데간데없고 한쪽에 벽만 남은 강당이 보일 뿐이었다. 사진관도, 쌀집도, 친구네 집도 안 보이는 집터에서 벽부스러기들이 먼지만 일으키고 있었다.

겨우 소방탑 앞이 우리 집터임을 짐작하고 들어섰을 때 유리 한 쪽도 안 남은 집터와, 좀 떨어진 텃밭 자리엔 타다 만 돼지우리와 닭장의 철망 조각이 보였다. 나는 다시 그릇이 묻혔을 담 밑 자리를 조심스럽게 파 보다가 깨어진 그릇들 사이에 용케도 남은 성한 보시기 한 개를 발견했다.

화염에 그을리거나 충격으로 깨어진 그릇들 사이에 흠 하나 없이 남은 것이 신기해서 받쳐들고 나오다가 부딪치지도 않았는데 그만 탁 깨어지고 말아 서운했다.

어쩌면 전쟁은 직접 참여하여 목숨을 잃었거나 참변을 당한 사람뿐만 아니라, 겉보기엔 멀쩡해도 이내 깨어진 사기그릇처럼 우리 모두에게 충격과 상처를 준 것이었다.

피난길이 소풍길인 줄 알았던 '꿈나라 아이'는 그해 석 달 동안 총에 맞은 인민군의 끔찍한 죽음을 보았고, 그때의 기억은 6·25가 터진 지 30년이 훨씬 지난 지금에도 가끔씩 상처처럼 되살아나곤 한다. (1985.)

후문後門

창경궁 앞을 지나노라니 어떤 부인이 허겁지겁 다가와서는 의과대학 후문을 묻는다. 옛날 약학대학이 있던 동숭동 쪽으로 나가는 문을 알려 주었으나 아무래도 잘못된 것 같아 "여보세요." 하고 불러 보니 이미 신호를 따라 반대편으로 건너간 후였다. 아무리 흰옷이 유행이라지만 여인의 하얀 한복 뒤태가 쓸쓸해 보여서 대학병원 영안실 쪽의 후문을 물었을 것 같은데, 불러 세우기엔 너무 늦었다. 서른은 되었을까. 혹시나 다시 확인하려고 물어줄까 하고 서 있어 봐도 여인은 허겁지겁 달려가고만 있다.

나는 20대 초반을 여기서 멀지 않은 원서동苑西洞에서 살았기 때문에 지금도 이곳에만 오면 잠시 20대 시절로 되돌아가곤 한다. 내가 다닌 학교는 아니지만 시계탑이 있는 의과대학엘 자주 왔고, 담쟁이덩굴이 덮인 의과대학 건물을 지나 동숭동 쪽으로 내려가면 약학대학, 그 문을 나서면 건너편의 문리대 등 지금은 이사해 버린 S대학교 자리에 애틋한 그리움이 남았나 보다. 그래서 나는 서슴지 않고 그편

문을 후문이라고 단정해 버린 것이다. 전차도 사라지고 주변 건물도 많이 헐렸지만 아직도 가슴속엔 허물지 않은 기대나 꿈이 남았음일까. 마음이 아득한 벼랑 끝에 서있을 때면 느릿느릿 걸어서, 바람 소리와 투명한 햇빛과 새벽안개, 그리고 여린 가슴으로 파닥거리던 내 젊은 날의 잎사귀와 만나기 위해 이곳으로 오고 싶어진다.

20여 년 전, 서울로 처음 왔을 때는 길을 몰라 당황할 때가 많았다. 돈화문敦化門 근처에 있던 경전京電, 한국전력 이전의 이름 북부지점은 큰길가에 있었기 때문에 쉽게 찾았지만 골목이 많은 원서동, 계동, 원남동을 다니면서 많이 헤맸다. 이 골목에 들어서면 저쪽으로 가는 지름길이겠지 하고 가다 보면 막다른 골목이고, 낯익은 길 같아서 걷다 보면 웬걸 엉뚱한 언덕이어서 찔레꽃 핀 양옥의 담장만 되돌아보며 돌아선 것도 몇 차례였다.

서울에 온 지 몇 달 후였다. 시내에 나갔다가 금원담을 끼고 돌면서, 여느 땐 못 듣던 개울물 소리가 들려오는 방향으로 발길을 돌렸다. 얼마쯤을 걸어도 변화 없는 담장만이 계속되어서 돌아서려다가 문득 눈에 띄는 것에 이끌렸다. 담 밑으로는 맑은 물이 졸졸졸 흐르고 주변엔 달개비꽃과 망초가 몇 포기 한가롭게 흔들리고 있지 않은가? 더욱이 그 위에는 붉은 빛깔이 조금은 남아 있는 작은 대문이 있고 대문의 지붕 기와에는 짙푸른 덩굴이 우거져 있었다.

나는 온종일 헤매다 내 집 앞에 다다른 듯이 대문 앞 층계에 털썩 주저앉아 버렸다. 어디를 가도 걸터앉을 마루 한쪽 보이지 않게 꽁

꽁 걸어 잠근 서울의 대문들. 뜻밖에도 골목 끝에서 내가 발견한 대문은 낡고 문고리도 녹슬어서 밀쳐 봐도 꿈쩍 않는 금원의 후문이었지만, 인심 좋게 후원을 드나들게 하던 시골 부자네 후문처럼 친근해 보였다.

먼 길을 걷다가 아픈 다리도 쉬고 냉수 한 사발을 손쉽게 청해 보던 허름한 주막집의 마루처럼 소탈한 분위기가 더욱 좋았다. 어디 가나 매끄럽고 현란하여 긴장시키던 도회의 부담감을 잊게 하였다. 시골 친척 댁도 큰 대문 사랑채로 가면 어른들 기침 소리가 많았지만 작은 후문으로 들어가면, 도라지꽃 핀 안마당 섬돌 위엔 예쁜 고무신이 놓여 있고 수를 놓던 새댁이 우리들을 반갑게 맞아 주곤 했다. 그리고 뒤란에서 잘 자란 감나무는 상쾌한 나무 그늘을 주고 가을이면 잘 익은 열매로 우리를 기다렸다.

그러나 후문에는 은밀한 일이 일어나서 쉬쉬하며 닫히는 비밀을 지니기도 했었다. 남몰래 떠나거나 쫓겨나고 굳게 닫히는 후문의 생리를 모르던 시절을 보내고 서울로 왔는데, 뜻밖에 마주친 금원의 후문은 도회에서 당황한 마음을 가라앉혀줄 만했다. 꾸미고 다듬은 듯 매끈한 서울 인심의 얄팍함도 그 투박한 문 앞에 가면 잊을 수 있었고 가꾸지 않은 잡초의 한가로움이 긴장으로 가쁜 숨결을 다스리게 해 줬다.

오랫동안 떠나 있어서 지금은 어떻게 변했는지도 모를 그 길목이 그리워진다. 한동안은 그 정밀하나 소탈한 후문이 있는 길목에서 마음을 정화시키기도 했고, 무관심 속에서 풋풋하게 자라는 풀꽃들의 모습에서 시적인 영감이 떠오를까 하고 나만 아는 정서적인 오솔길로 삼기도 했었다.

나는 아직도 후문에 대한 이런 미련 때문인지 웅장하거나 활짝 개방되는 정문보다도 은근한 후문을 찾게 되고 그 정감을 아쉬워한다. 넓고 공개적이어서 물러서게 하는 정문을 피하려는 것은 어느새 정면 도전을 꺼리게 될 만큼 나이가 든 무기력 탓인가 하고 씁쓸해지기도 하지만.

20년도 더 지나 버린 지금, 옛날의 그 후문을 찾아보면 어떤 마음일까. 험난한 세계를 끝까지 따라가야 하듯이 금원의 기나긴 담장을 따라가 보면 다다를 수 있는 작은 후문. 맞서서 대결하기보다 지혜를 마련하려는 여유처럼 돌고 돌아서 다다르는 길목 끝에서, 끝이 아닌 다른 삶의 시작이라는 생각의 전환이 가능할까. 나는 여기까지 온 김에 그 후문을 한 번 찾아가 볼까 하는 호기심이 일었지만 한편 두려운 마음이 앞선다. 과연 그 후문의 모습은 예전대로일까. 아니 그보다도 같은 모습을 보는 내 느낌이 그때처럼 편안할 수 있을까, 의구심이 들면서 나도 모르게 반대편 길로 건너고 말았다.

저만치서 천천히 다가오는 장의차 행렬. 놀랍게도 좀 전에 길을 묻던 여인이 장의차를 어루만지며 따라오고 있었다. 흐느끼며 발길을 못 가누자 뒤편에서 누군가 나와 차에서 손을 떼어내고 부축을 해 준다. 번듯하게 차에도 못 오르고 울부짖으며 매달리는 여인의 슬픔은 어떤 것일까.

  이승을 마감하고 저승으로 떠나는 곳도 후문이구나 하고 아연한 모습으로 서 있노라니 굵은 빗방울이 차갑게 볼에 닿는다.

  끝은 언제나 시작이고 스러지는 것은 깨어남의 예고라는 것을 시사하는 것인가. 문득 코끝으로 향 내음이 끼쳐오는 대학병원 후문.

(1986.)

* 금원禁苑 : 창덕궁의 후원, 통칭 비원은 일제강점기에 만들어진 어휘임.

동전 구멍으로 내다본 세상

챠르륵 차르륵, 숙모님이 지나갈 적마다 허리춤에서 이런 소리가 났다. 큰 집안의 며느리였던 숙모님이 할머니에게서 살림의 주도권을 인계받아 열쇠 꾸러미를 차게 된 것은 쉰이 넘어서였다. 곡식과 연장을 넣어두는 광 열쇠, 몇 가마니 들이의 뒤주, 그 밖에 장롱이며 벽장 등의 것까지 주렁주렁 달고 다니셨다.

어느 날 그 열쇠 꾸러미에서 시꺼멓고 구멍이 뚫린 동그란 쇠붙이를 발견했다. 녹이 슬고 닳아서 글씨는 분명치 않았지만 가운데에 사각의 구멍이 뚫려 있었다. 그것이 조선왕조 때 쓰던 돈인 상평통보常平通寶라는 것은 후에야 알았다.

첩첩산골에서 태어나 50리나 되는 장 구경 한 번도 못 하고 시집온 새댁이 어려서부터 돈이라는 걸 꾸러미로 만들어 숨겨온 줄은 친정에서나 시댁에서나 아무도 몰랐다.

해가 뉘엿뉘엿 서산마루로 넘어갈 때 어머니 생각이 나면 새댁은 동전을 꺼내보고 위안을 받았다. 계룡산 줄기 몇십 리를 뻗은 산길을 지나 둥우리처럼 아늑하던 마을, 햅쌀을 찧는 디딜방아 울려오던 그 친정 뒤란이 생각날 때 동전 꾸러미는 향수를 달래는 노리개가 되기도 했다.

시퍼렇던 모과에 노란 물이 들고, 풍년이 와서 오랜만에 사랑방에서 시아버님의 질펀한 웃음이 울려나오던 날, 새댁은 논을 더 장만할 돈이 될까 하고 시아버님 앞에 내놓고 싶었어도 꾹 참았다.

흰 테 두른 까만 모자와 금빛 단추의 학생복을 입은 맵시 있는 서방님은 방학에나 만날 수 있었다. 서방님이 경성(서울)에서 내려오면 예쁘게 보이려고 방물장수의 보따리에서 금박댕기, 칠보 비녀를 탐냈다가도 감춰둔 돈을 더욱 요긴한 데 쓰려고 도로 놓곤 했다. 겨울밤, 잠이 안 오면 장롱 깊숙이 손을 넣어 손끝으로만 동전을 세어 보았다. 12냥만 가지면 서방님이 공부하고 있는 3백리 경성에 갈 수 있을까 하고 망설이면서….

그러나 여름방학에 경성에서 온 서방님의 표정은 겨울 밤 장롱 속에서 느끼던 동전의 감촉보다도 서먹하고 차가웠다. 방물장수 아주머니에게서 박가분이라도 사뒀다가 바를 걸 그랬나 하고 후회하며 빡빡 깎은 서방님의 뒤통수를 보니 더욱 애티가 나지 않는가? 자신의 쪽 찐 머리가 그날따라 뒤퉁스러운 느낌이었다.

사랑방에 아이들을 모아놓고 글을 가르치는 야학夜學인가 한다고 학생 서방님이 돌아오지 않는 밤, 목이 타게 기다리노라면 먼 논에선 끄악끄악 하고 개구리가 울곤 했다. 야학만 쫓아다니다가 경성으로

가버린 서방님을 원망할 겨를도 없이 일에 파묻힌 새댁은 가을도 쉽게 보내버렸다.

겨울방학이 되어도 돌아오지 않는 서방님. 한밤 내 등잔불이 버선볼 받는 손목은 비춰주었지만 새댁의 어두운 마음을 밝혀줄 줄은 몰랐다. 고독은 한 알의 굵은 의지로 여물어 밤이면 손이 부르트도록 물레를 잣게 했고 베틀을 매어 부지런히 베를 짜게 했다.

구멍 뚫린 동전, 그 텅 빈 것처럼 마음이 허했고 실팍한 손자를 보고 싶어 하는 시아버님의 바람이 자신에게도 절실했지만 3년이 지나도록 이뤄지지 않았다. 옥양목같이 바랜 염원은 동전처럼 뚫린 마음의 공간 속을 들락거리기만 했다.

겨울의 기나긴 밤, 문풍지에 불던 바람은 마을을 하나 넘고 들을 건너가기도 하지만 도달할 수 없는 자신의 길, 웅얼웅얼 아이를 달래듯이 북을 이쪽 저쪽으로 보내며 마음에 무늬를 놓듯이 베를 짜는 밤도 있었다.

은실과 금실이 쏟아지는 것 같은 신록의 버들가지를 헤치며 장 구경을 나간 새댁은 현란한 자연과 장터의 물건들에 눈이 부셨다. 빛살 속의 시냇물을 맨발로 건널 때 마음까지 시원하게 트이는 듯했고 잠든 귀를 깨우는 수많은 사람들의 화사한 웃음소리. 옷감전의 비단들은 오색무늬로 아른거려서 장롱 속에 두고 온 돈 꾸러미가 아쉽기도 했다. 희한한 세상도 있구나. 집집마다 유리창이 번쩍이고 그릇전의 매끈하고 아담한 사기그릇들, 고무신 가게에 쌓인 신발들이며 잡화상에 진열된 오밀조밀한 물건들.

그뿐이 아니었다. 이상한 옷차림을 펄럭이는 왜놈들이 가마 아닌 인력거에서 내리는 것을 보곤 비실비실 도망쳐 버렸다. 낮 동안 장 구경한 것을 떠올리다 잠이 든 새댁의 꿈길엔 더욱 화려한 것이 어른거렸다.

2년 만에 여름방학에 온 서방님은 몹시도 우울해 보였다. 시아버님께서 흉년으로 학비를 못 보내셔서 공부를 계속할 수가 없던 때문이었다. 등잔불도 몹시 가물거리는 밤, 오랜만에 서방님과 마주 앉은 새댁은 등잔 심지보다도 더욱 팔락거리는 가슴을 누르며 서방님 앞에 아껴 둔 동전 꾸러미를 내밀었다. 영문을 몰라 의아해하는 서방님에게 학비에 보태라고 했을 때 그토록 냉랭하던 서방님이 폭소를 터뜨렸다.

"쯧쯧, 당신은 우물 안 개구리만도 못해. 그래 동전 구멍으로나 세상을 내다보고 어리석게 살고 있으니…."

뜻도 모를 말을 하며 소중한 동전 꾸러미를 휙 밀쳐버릴 때 새댁의 눈에선 참았던 눈물이 솟구쳤고, 저문 날 외진 길 돌아가는 외기러기의 슬픈 운명을 절감했다.

자신이 그토록 소중하게 모아서 남몰래 간직했던 동전들이 오래전에 시대가 바뀌어 쓸모없어진 것이라는 것을 까맣게 모르고 살아온 세월. 먼 산 불타는 노을에 고개를 넘어올까 기다리던 서방님이 독립운동하러 만주로 떠난 줄도 모르고 가슴에 빗장 지른 세월을 지내는 동안 새댁은 조금씩 눈이 트여갔고 살림을 주도하는 마님이 되어 갔던 것이다.

(1987.)

2

꿈꾸는 우체통

　비 오는 날 멀리서 우체통을 바라보았을 때 그것은 분명 빨간 금붕어였다. 뽀글뽀글 물방울을 뿜어올리며 물속을 떠도는 어항 속의 금붕어.
　진지한 편지를 써본 것이 언제였던가. 기억이 아득하면서도 우체통 앞을 지날 때마다 잊어버린 답장빚이 켕겨서인지 얼른 지나쳐버리기 일쑤였다. 그런데 비 오는 날의 우체통은 물속에서 먹이를 잡으려고 자맥질하는 금붕어처럼 사연을 재촉하며 입을 벌름거리는 것이었다.
　무심히 지나칠 때 우체통은 아무런 의미도 관련도 없는 것. 그러나 사람들과의 교신을 위해 세워 놓은 안테나를 보며 우체통을 육성이 닿을 수 없는 언어가 저장되는 보석함이라고 느낀 적이 있다. 어떤 마음에서부터 스며와서 고이는 것인지 알 수 없지만 지하수처럼 많은 언어가 고여서 흐르고 있을 우체통.
　숫자도 모를 때 빨간 우체통 모형의 저금통을 가졌었다. 나는 동전이나 지폐를 별로 넣은 기억이 없는데도 내게 소용되는 물건이 있을 때마다 어른들이 내 우체통 저금통을 헐면 제법 많은 돈이 쏟아져서 경이롭게 느껴졌었다. 소꿉기구나 인형·리본·핀을 우체통 저금통에서 나온 돈으로 갖게 되었기에 우체통을 보면 만능이라고 여겨지던 버릇이 오래도록 남아 있었다.

　누구에게나 우체통의 문은 열려 있지만 나만의 은밀한 밀실일 수도 있다고 여기던 사춘기, 그리던 동경의 세계를 빼꼼히 열고 조금은 엿보게 해줄 창문이었고 꿈과 이상의 통로가 되어줄 것 같던 시절도 있었다.

　열정·환희·그리움 등 땅에 떨어뜨리기도 아까운 사연이나 고뇌·불안·갈망 등 떫은 사연으로도 밤이면 호젓하게 불을 켜고 있는 듯하던 우체통.

　실제로 우체통은 언제나 길의 가장자리에 서 있지만 우리 가슴 한복판에 놓인 듯이 확대해보던 날도 있지 않았던가. 한밤중엔 우체통 옆을 지나면서 어느 순간 머물다 간 꽃의 향기와 한숨 소리, 뜨거운 사랑의 의미를 찾고 있을 것 같은 느낌이 들었다. 만남의 귀함도, 소중한 인연도 저장되어 있어서 때로는 낮은 기침 소리로, 때로는 선명한 휘파람 소리로라도 기척을 할 텐데 우리가 듣지 못할 뿐.

　어느 봄날 강물에 띄워보낸 꽃잎의 사연도, 철새의 피맺힌 울음과 조각난 꿈자리도 기억하면서 고해성사를 받는 신부처럼 시치미를 떼고 다음 손님을 계속 기다린다. 우체통은 기다림의 자세이다. 달빛이 잠기다 가면 그것일 뿐. 흔적 없이 그리움의 테두리로 밀려나고 나면 우체통은 꿈을 꾸기 시작한다. 순수와 진실이 만나서 빛나는 의미가 되고 향기를 발할 수 있는 만남의 대합실, 여리디여린 꿈이라도 자신의 가슴속에서 성숙해지고, 서툴게 빚은 그릇일지라도 아름다운 도자기로 구워낼 수 있는 가마[窯]를 꿈꿀 것이다. 사람들의 서툰 대화로 마음과 마음이 이어지지 못함을 안타깝게 여기며.

우체통은 어느 완전한 모습이나 사고를 소유하고 싶어하지 않고 토막말일지라도 심연에서 고인 영원한 말, 영혼에까지 닿을 소리를 반길 것이다.

녹음이 짙어지고 꽃이 난만한 가운데 서 있는 우체통은 하나의 나무가 되고자 하리라. 시들지 않을 삶의 뿌리를 내리고 끊임없이 푸른 수액을 빨아올려서 이파리들의 살랑거리는 대화를 듣기 위하여.

우체통 앞에 오래 서 있으면 신비한 세계에도 도달할 수 있을 것 같다. 만약 몸이 작아져서 그 안에 들어가기만 하면 「이상한 나라의 엘리스」의 소녀처럼 먼 나라에 다녀오는 환상을 가질 수 있겠다. 실제로 인간사의 한 단계를 건너뛰는 한 수 위의 정신세계까지도 기대해보며. 그러나 불신과 좌절의 한낮을 보낸 불 꺼진 밤길의 우체통을 보면 죽음의 흔적들이 모여 있을 것 같다. 시간에 의해 의미가 상실되고 빛바랜 기억의 파편들만 가득 차서 덜커덕거릴 듯하다.

비어 있으면 차라리 그리움으로나 채울 것을. 바람 부는 날이면 어느 이루지 못한 미완의 사랑이 울고 있는 환청에 빠지기도 한다.

침묵도 그리움의 말이고, 만나고 헤어짐도 그 인연이 선택된 것임을 일깨워주는 우체통 앞에서 소리 없이 배웅해야 하는 법도를 배운다.

　나는 언제쯤 기나긴 편지를 써서 나의 이름을 수신인으로 부쳐볼까. 어느 비 오는 날, 금붕어에게 먹이를 주듯이 우체통으로 밀어 넣을 편지에는 인생에 대한 의문부호가 줄어들고 겸허한 사랑과 구원의 소리만 길게길게 씌어 있으면 좋겠다.

(1993.)

댓잎 사운거리는 소리가 들리시나요

해가 바뀐 지 오래인데도 정월달 그림을 젖히지 않고 있다. 거기 샛푸르게 그려져 있는 대나무 그림을 한가하게 들여다보면 조용한 바람이 일어 사운거리는 댓잎 소리를 들을 수 있기 때문이다.

저 달력을 보내 준 친구도 본 지 오래이다. 목소리라도 들을까 하고 전화를 돌려본다. 이맘때면 감기를 잘 앓았는데 올해는 잘 넘기는가 궁금하기도 하고. 조심스럽게 다이얼을 눌렀으나 집을 비웠는지 벨소리만 오래오래 울리고 만다. 어디를 갔을까, 아프지는 않은 모양이지. 종희네는 자주 만나니까 알 것 같아서 그쪽으로 걸어 본다. 종희네는 신호가 두어 번 울리자 수화기를 들어 반가움이 앞선다. 우선 한 호흡을 쉬고 침을 삼키며 목소리를 가다듬었을 때였다. "불광동입니다. 저는 지금 집에 없습니다. '삐이' 소리가 울리고 나면 용건을 말씀해 주십시오." 하는 빠른 속도의 녹음 말에 이어서 '삐이' 하는 쇳소리가 고막을 찌른다. 그 소리에 감전된 것처럼 수화기를 놓치고 말았다.

무인 응답기를 처음 대하지도 않았으면서 이렇게 섬뜩할 수가 있을까. 정겨운 목소리를 기대했다가 느끼는 나의 공허함. 무인 응답기에 길들여지지 않는 나의 촌스러움을 탓하면서도, 허공에 대고 말을 하듯이 빈 수화기에 대고 연기하기는 싫어서 그냥 끊기를 잘 했다는 생각이다.

마음을 가다듬고 이번엔 현수네로 재빨리 전화를 걸어 보니 시골집에 내려가 있단다. 지금 전화하면 분명 있겠느냐고 다짐 아닌 다짐을 받아내고 나서 시외전화를 부리나케 걸었다. 전화감이 멀지만 "여보세요." 하고 여자 목소리가 나오길래 다짜고짜로 "서울에서 떠나 경치 좋은 곳에 있으니까 무슨 소리가 들리니?" 하는 물음에 "얼음장 밑에서 흐르는 물소리도 들리고 개구리가 눈 부비고 잠 깨는 소리도 들려." 하고 대꾸하는 친구의 목소리. 정작 물 흐르는 소리도 개구리 소리도 없었지만 친구와 마주 앉은 듯이 정겨운 얘기를 나눌 수 있어 다행이었다.

정말 생각해 보니 몇몇 친구들에게 전화를 걸면 그 집에서 남다르게 들려 오는 소리가 있다. 종희네는 전화를 들면 등 뒤에서 닭이 울고 새가 푸드득거리고, 영이네는 아이들이 소리지르며 노는 소리가 수화기를 통해서 그치지 않는다. 연규네 집에선 강아지 소리와 그 밑으로 잔잔히 깔리는 음악 소리. 이들 소리가 전화를 걸 때마다 매번 울려오지는 않더라도, 혹은 진지한 얘기를 나누느라 미처 못 들을지라도 노상 울려오고 있다고 생각하게 됐다. 아예 그 소리들은 전화를 걸지 않아도 그들을 생각하면 떠오르는 또 하나의 소리가 되어 버렸다.

　종희 엄마의 뒤에서 들려 오는 닭소리와 새소리는 동물을 사랑하고 화초나 들꽃도 애지중지하는 그의 성품을 느끼게 한다. 달맞이꽃이 화사한 뒤란에서 서성이는 모습을 떠올리며. 영이네 집엔 아이들이 소리지르며 놀지만 정작 어린아이를 기르는 젊은 어머니가 아니다. 아이들이 대학생인데 아파트 창밖에서 이웃집 아이들 노는 소리가 그의 배경 음악이 되기 일쑤이다. 자상한 품성으로 이웃과 정을 나누고 집안을 아기자기하게 꾸민 분위기 때문인지 동네 아이들이 영이네 앞에서만 논다는 것이다. 연규네 집은 북한산 중턱에 있다. 평소엔 강아지 소리만 전화기로 전해지지만 이따금 계곡 물소리까지 울려 올 것만큼 경개 좋은 산속에 산다. 막상 전화만 걸면 그리운 목소리가 거기 있고 마음이 닿던 소리까지 있어 주던 것이 옛날 일이 되었나 보다. 생활이 복잡해져서 감성의 윤기마저 없어졌는지 절박한 일이 있기 전에는 서로 전화 연락도 못 하고 있으니. 그러다 보니 최근엔 직접 나누던 대화나 그들과 맺은 정의의 장면들보다도 그들의 뒤에서 들려 오던 소리들과 연관되는 상상을 더하게 되었다.

　전화를 걸면 정다운 목소리 뒤에서 울려오는 소리들. 어떻게 보면 그들의 품성을 빛게 하는 배경들이라고 할까. 동물의 소리, 혹은 자연의 소리일지라도 그들에게서 떼어놓을 수도 없고 떨어질 수 없는 품성의 여운이 아닐는지. 언젠가부터 거꾸로 닭소리, 새소리를 들으면 종희네가 생각나고 아이들 노는 소리, 강아지 소리, 음악 소리엔 영이네와 연규네를 떠올린다. 어느새 그들 소리는 바로 그들이 되어 버렸다. 내가 그들의 진실을 이해하는 데 있어서 오차를 범하고 있는지도 모른다. 물속에 막대기를 꽂고 보면 구부러진 것처럼 보이듯이 단순히 느껴지는 것만으로 빚어낸 착각일까. 너르고 메마른 세상에서 나의 꿈과 정이 그들의 목소리와 배경음과 만나서 사랑의 기록이 이루어질 수 있을는지.

　지금 이 시간 누가 내게 전화를 걸어오면 어떤 소리가 배경음이 될 수 있을까. 지구의 저편에서 울리듯 아련하게 울릴지라도 지친 영혼을 위로하고 일깨워 줬으면 하고 달력의 대나무 그림 앞에 다가선다. 댓잎 사운거리는 소리가 결코 나의 배경음일 수도 없는데.

(1991.)

살리에리의 친구

 모차르트의 서거逝去 2백주년이었던 작년에는 국내에서도 추모음악회가 많이 열렸다. 이름난 연주자와 악단의 음악회엔 가보지 못했지만 명연주를 들으면서 몇 년 전에 봤던 영화 〈아마데우스〉에서의 감회를 떠올렸다.
 영화를 보면서 엉뚱하게도 모차르트를 죽음으로 몰고 간 '살리에리'에게 동정심을 느꼈다. 신에게서 재주를 흠뻑 받은 모차르트에 비해 평범하기만 한 자신을 초라하게 느끼고 고통받은 살리에리. 위대한 작곡가로서 신의 영광을 찬미하고픈 그의 기도가 분수에 맞지 않는 허욕임을 냉철하게 못 느낀 건 어쩌면 우리들, 아니 내 모습도 그 범주에 들겠기에 그의 편이 되고 싶던 것이었다. 〈아마데우스〉는 확증이 없다는, 살리에리의 모차르트 독살설說을 근거로 만든 것이다. 모차르트가 죽은 지 32년 후, 자살미수로 병원에 입원한 살리에리가 신부에게 고백하는 회상장면이 반복되면서 영화는 진행된다.
 신을 찬미하는 가장 뛰어난 작곡가로 우뚝한 존재이고 싶었던 살리에리는 경망스럽고 신중하지 못한 떠벌이 모차르트의 작품 한 곡만 듣고도 압도당한다. 죽은 뒤에도 자신의 음악이 예찬 속에 연주되기를 바라는 것, 그것은 살리에리가 아니더라도 예술가를 지망한 모든 이가 품을 수 있는 욕심일 것이다. 영화 전반부에 그가 어릴 때 기도하고 서원誓願하던 장면이 있었다.

"신이여, 저를 위대한 작곡가가 되게 해 주십시오. 음악을 통해서 당신의 영광을 찬양하도록 해 주시고 제 자신도 찬양받게 해 주셔서 온 세계 만방에 이름을 떨치는 불후의 작곡가가 되게 하소서. 제가 죽은 뒤에도 제 작품이 영원히 사람들의 사랑을 받게 해 주소서."

신앙으로 간구한 살리에리의 바람이 실현되기 어려운 야망에 지나지 않는다는 것을 영화가 진행되면서 천천히 알게 됐다.

모차르트를 만나기 전까지는 살리에리의 바람이 순조롭게 이뤄졌다. 이탈리아의 시골 출신으로서 비엔나에 진출하여 음악 애호가인 요세프 황제를 모시는 궁정악장이 됐고, 그의 작품이 궁중인들의 사랑을 받았으니. 그런데 비엔나에 연주 여행 온 모차르트를 만난 그날 밤, 살리에리의 인생이 바뀌었다. 애인 콘스탄체와 경망스럽고 천박한 행동을 보여 준 모차르트였지만, 대중 앞에서 연주한 「세레나데(NO 10, K361)」 한 곡을 듣고 '하느님의 음성을 들은 것 같았다'고 살리에리는 회상했다. 푼수로 보이는 모차르트를 신의 도구로 삼은 신께 대한 원망과 함께 수년 동안 쌓아 온 그의 공적이 무너지는 듯했다. 그의 명성도 모차르트가 등장하고 나서는 물거품으로 사라질 것이 분명해진 것이다.

자신의 등장이 살리에리에게 청천벽력 같은 충격임을 모르는 모차르트는 그의 존재쯤 대수롭지 않게 여긴다. 전혀 라이벌로서의 전의戰意가 없다. 그러나 모차르트에게는 의도하지 않은 승리가 이어진다. 살리에리가 모차르트를 환영하려고 만든 행진곡을 단 한 번 듣고 그것을 훌륭한 변주곡으로 연주해서 사람들을 경탄하게도 만든다.

모차르트의 작품에 위축된 살리에리는 자신의 욕심이 부질없게 느껴져서 신을 원망하기에 이른다.

"신이시여, 제가 원했던 것은 오직 주님을 찬미하는 것이었는데 주님께선 제게 갈망만 주시고 절 벙어리로 만드셨으니, 왭니까, 말씀해 주십시오. 만약 제가 음악으로 찬미하길 원치 않으신다면 왜 그런 갈망을 심어 주셨습니까. 갈등을 심으시곤 왜 재능을 주지 않으십니까."

제3자인 우리는 이 원망이 얼마나 무력하고 하잘것없는 푸념인가 하고 느껴지기도 한다. 어쩌면 자신의 욕심이 허영심에 지나지 않을 뿐 신께 영광을 돌린다는 것으로 위장됐다고 여길 수도 있다.

살리에리는 모차르트의 천재성을 누구보다도 먼저 느낄 만큼 판단하는 능력이 있어서 그의 한 곡 한 곡이 놀라움이 되는 반면 고통의 씨앗이 되기도 했다. 작품마다 하느님의 음성, 순수한 아름다움의 극치인 것을 거듭 느낀다. 결국 신을 원망하다 못해 신의 창조물인 모차르트를 파멸시키겠다고 경고한다. 그야말로 신께 대한 도전장을 낸 셈이다.

숨은 별 찾아내기

영화는 살리에리의 음모대로 모차르트가 진혼미사곡을 독촉받으며 작곡하던 중 쇠약해지고 술과 약물 중독, 그리고 결국은 죽게 되는 내용으로 이어진다. 모차르트가 죽은 후 32년 동안 죄의식으로 괴로워하다 자살을 기도, 실패한 살리에리가 고백하던 처절한 모습. 사람은 죽음을 앞에 두고는 착해질 수 있다는 옛말이 기억나던 영화. 젊은 날의 서슬 푸른 질투가 사라지고 괴로움만 남아서 참회하던 처절한 모습은 사실처럼 설득력이 있었다.

  이 영화는 1984년도 아카데미상에서 살리에리 역의 '아브라함 머레이'가 받은 남우주연상을 비롯하여 최우수 작품상 등 9개 부문의 상을 받을 만큼 잘 만든 영화이기도 했다.

  우리는 신동이고 천재, 아니 신의 도구였던 모차르트를 시기하여 원망할 만한 예술가의 수준도 아니다. 살리에리는 역사상 작곡가로서의 위치가 뚜렷하다. 한때 베토벤과 슈베르트에게 작곡을 지도했고 40여 곡의 오페라·발레음악, 그리고 교회음악을 발표한 것으로 전해 온다. 그가 대등하게 겨눌 만한 경쟁 상대를 만났더라면 불운하지 않았을 것이다. 정당한 라이벌 의식을 가지고, 미워하기보다 자기 성장을 재촉했을 것이다.

  우리는 수세기 후에 태어났기 때문에 '신의 아들'이란 뜻인 아마데우스에 대한 범재凡才 살리에리의 갈등이 얼마나 무모한지 냉정하게 평가할 수 있다. 모차르트가 신의 아들임을 인정하면서도 신께 도전한 것이 만용이라고 비웃을 수도 있다.

결국 영화 「아마데우스」는 모차르트의 화려하고 순탄한 듯했던 생애를 살리에리의 질투 어린 시선으로, 정면 아닌 프로필로 그린 모차르트 찬가에 지나지 않는다.

살리에리의 인생관도, 후세의 시인 괴테가 모차르트에 대한 평가를 '오직 세상에 한 번 있을 수 있는 인간의 완벽'이고 '구원의 기적'으로 내리고 철학자들의 찬양까지 길이길이 이어질 줄 알았더라면 달라졌을까.

모차르트와의 만남을 피할 수 없는 운명적인 만남으로 수용했더라면 어땠을까. 그야말로 신의 도구인 모차르트와 동시대에 살고 가까이 대할 수 있는 것만으로도 영광으로 여겼을 것이라는 상상이 가능하다.

오늘을 사는 우리도 인간의 운명이 신의 손에서 좌우되고 운명의 굴레에서 벗어날 수 없는 존재임을 깨달아야 할는지.

다양한 모양의 경쟁을 치러내야 하는 현대를 살아가면서 다시 한 번 생각하게 된다. 의지로써 상대방의 장점·개성을 인정하고, 창조적으로 수용함으로써 공존과 발전을 꾀해야 할 것이다.

모차르트의 이웃은 될지언정 살리에리의 친구는 사양하고 싶다.

(1992.)

춘풍의 처와 남장 여인 포샤

교통수단이라면 동양이나 서양이나 말 달리는 소리와 뽀얀 먼지가 연상되는 그 옛날, 지구의 한쪽에서 이뤄지는 일들을 반대편에서 어떻게 알았을까.

동·서양의 고전을 읽다가 우연히도 공통점이 발견될 때는 소풍 가서 보물찾기를 해낸 것 같다. 중세에 우리나라 고전이 영국에 소개됐을 리도 만무하고, 영국 고전이 우리나라에 건너왔을 리도 없는데 『이춘풍전』과 셰익스피어의 『베니스의 상인』에 나오는 여자 주인공의 공적이 너무나 닮았다.

우선 남자 주인공이 저지르는 행각을 본다. '춘풍'은 알려지다시피 인물이 헌칠한 바람둥이, 주색잡기로 가산을 탕진하고 끼니를 못 잇게 되자, 부인에게 다시는 그런 일을 않겠다고 요즈음의 각서 격인 수기手記를 써준다. 그러나 부인의 삯바느질로 연명하며 얼마 동안 근신하던 춘풍에게 이름자처럼 봄바람이 불어 다시금 몸이 들썩거리게 된다.

드디어 이자가 높은 호조ᶠᵇᵇ 돈을 5천 냥이나 얻어서 장사로 한 밑천을 잡겠다고 큰소리치고 평양으로 떠나는데 의기양양, 행차부터 호화롭다. 삯말 얻은 말잔등에 호피虎皮를 얹고 대감행차처럼 나섰는데, 평양 근처에 다다르자 난만한 꽃과 실버들·새소리 등 화창한 경색이 '춘풍'의 마음을 흔들어 놓는다. 게다가 호화판 객사에 머물며 바라본 화려한 집이 기생 추월의 집이라니.

『베니스의 상인』의 남주인공 '바사니오'도 호사스러운 생활로 많은 빚을 진다. 안토니오에게 허울 좋은 말로 빚을 탕감해 달라며 다시 꿈 같은 벨몬트에 갈 여비를 꾸어달라고 한다. 그곳엔 예쁘고 고결한 인품으로 소문난 '포샤'가 있었는데 구혼하러 가기 위해서였다. 사업으로 석 달 동안 현찰이 없다는 안토니오를 보증인으로 작정하고, 고리대금업자인 샤일록에게 석 달 만에 세 배로 갚겠다는 약속을 한다. 그러나 샤일록이 약속한 기일과 장소에서 갚지 못할 경우 안토니오의 살을 1파운드 떼어낸다는 끔찍한 조건에 응해버린다.

신중하지 않은 결정, 남의 돈을 겁없이 얻어내는 솜씨가 춘풍이나 바사니오나 마찬가지. 이렇게 얻어낸 큰돈으로 어떤 일을 이뤄냈던가.

서울의 춘풍이 돈과 상품을 가득 싣고 와서 평양, 그것도 가까운 객사에 머물고 있다는 소식에 평양 명기 추월이 쾌재를 불렀다. 추월의 계교를 모르는 춘풍은 추월이 접근하여 부리는 교태에 그만 무너지고 만다. 장사로 잃어버린 가산을 만회하겠다는 결심이 추월의 절묘한 술책과 맵시에 허물어져서 큰돈을 날리는 데 1년도 안 걸린다. 돈이 있는 동안은 꿈속과 같은 나날이었다.

벨몬트로 포샤에게 구혼하러 간 바사니오도 행복하기는 마찬가지. 포샤와 만나는 순간 빛나는 눈매로 포샤의 마음을 사로잡는다. 아버지의 유언대로 여러 개의 상자 중에서 글귀가 들어 있는 상자를 맞춰 내는 남자와 결혼해야 하는 포샤는 꼭 바사니오가 그 상자를 고를 수 있도록 조바심하며 정성을 다한다. 바사니오가 이웃나라 왕들과 귀족을 물리치고 그 문제의 상자를 선택하는 데 성공했을 때의 기쁨이란, 포샤가 아끼던 반지를 주었을 때 이 반지가 내 가슴속에서 떠나는 날은 '내 생명이 떠나는 날'이라고 감격한다.

그러나 바사니오가 빚을 얻을 때 보증을 섰던 안토니오의 화물을 실은 배가 파도에 휩쓸려 파선했다는 소식이 온다.

춘풍의 아내는 남편이 추월에게 재물을 다 날리고 그 집에서 구박받으며 막일로 연명하고 있다는 소식에 가슴을 두드리며 통곡한다. 포샤도 남편감으로 선택한 바사니오가 곤경에 처하게 되자 구출하기 위해 백방으로 노력한다.

평양감사로 부임하는 이웃 대감에게 부탁하여 비장裨將으로 가장하여 남편을 구출하려는 춘풍의 아내, 바사니오를 구하려고 서둘러 결혼하고 작은아버지에게 청하여 법학박사로 재판정에 판사로 선 포샤.

그들은 방탕하거나 허황된 남편의 실패를 수습하기 위해 남장男裝

한 여인으로 준엄하고 추상같은 호령을 한다. 동헌에서 나랏돈을 탕진한 춘풍의 죄를 추궁하고 기생 추월이를 잡아들여 오천 냥의 빚을 갚겠다는 약속을 받아내는 당당한 춘풍의 처. 포샤는 법정에서 샤일록에게 계약서에 쓰인 대로 살 한 파운드를 떼어내되 피를 한 방울도 흘려서는 안 된다는 판결로 오히려 샤일록을 궁지에 몰아넣은 명판관이었다. 그러나 그들은 겉으로는 준엄하고 추상같은 호령을 했으나 각각 형틀에 매여 곤장을 맞는 춘풍과, 법정에서 열세에 몰린 바사니오에 대한 연민으로 속마음은 괴로웠다.

큰돈을 꾸었다가 위기를 당한 남성을 남장한 여인이 기지를 발휘하여 구해내는 점이 동·서양의 고전에서 느낀 공통점이었다면 그 뒤풀이는 어떻게 되었던가.

위기에서 구해준 비장에게 "은혜 백골난망이로소이다. 서울 가서 댁에 먼저 문안하오리다." 하고 감지덕지했던 춘풍이건만 서울집에 와서 부인을 보고는 평양에서 호강한 척, 반찬 투정에 구박이 자심하다. 재판 중 곤경에서 구해준 판사에게 사례하려던 바사니오는 돈을 거절당하고, 포샤에게서 받은 반지를 달라고 조르는 판사에게 주어버린 터라 포샤를 만나기가 조마조마하다.

갖은 고초 끝에 비장 노릇으로 남편을 구한 춘풍의 아내지만, 개과천선을 못 한 남편을 깨닫게 하기 위해 다시금 평양에서 찾아온 비장처럼 꾸미기로 한다. 춘풍에게 평양에서 추월의 하인으로 참혹하고 남루하게 지내던 시절을 깨우친다. 그때까지도 비장의 정체를 모른 채 자기 아내가 들을까 봐 안절부절못하는 춘풍. 포샤는 바사니오에게 자기가 준 반지의 행방을 묻고는 분해서 어쩔 줄 모르는 척한다.

끝내는 부인들의 기지로 시험 당했음을 알게 되기까지 독자들은 쾌재를 부르게 된다.

끊임없는 남성의 허세와 배짱, 순종하는 연약한 여성에게도 여걸의 지혜가 잠재해 있음은 이 두 고전 속에만 있는 공통점일까?

(1993.)

고단한 감나무

    가을의 끝자락에서 노란 국화의 빛깔이 삭아내릴 때, 저만치서 빨간 감을 매단 감나무가 서운한 듯 지켜본다. 겨울행의 징검다리는 눈에 보이지 않아도 뜨락의 국화가 하늘가의 감에게 그렇게 배턴터치를 하면서 겨울 예고의 찬 바람이 옷깃을 여미게 한다.

    하늘 가까운 꼭두까지 물기를 끌어올려 익힌 인고忍苦의 열매, 눈물겨운 결실을 아껴서 두고 보려는 것이 아니다. 까치의 먹이로 남겨 놓아 자연과의 조화, 생물끼리 돕는 눈물겨운 섭리인 것을.

    서울 여의도에 있는 문화방송 옆 길가에 감나무 열 그루가 매연 속에서 탐스러운 열매를 달고 있다. 가까이서 볼 수 있는 내게도 기쁨이지만, 행인들의 눈이 놀라움 반, 기쁨 반으로 커지는 것을 본다.

    늦가을, 4층 사무실 창가에서 내려다보면 감이 빨갛고 빛나서 알전구 같다. 가을 잔치를 끝낸 단풍잎새의 길목을 비춰주기 위해서 매어단 것처럼 보인다.

    얻은 것보다 잃은 것이 많다고 애석하게 여기는 이들에게도 가는 계절의 마감 시간을 연장해 보라고 남은 파수병 같다.

　맑게 갠 날, 감나무 밑에서 하늘을 올려다보니 감나무 둘레는 어느새 수심 깊은 호수가 되어 있었다. 청량한 바람을 크게 들이마시고 다시 보니, 동그란 감과 가느다란 가지와의 어울림이 절제와 생략기법의 동양화 같다. 빈 가지 사이의 넓은 여백은 이해타산으로 덤비던 이들을 넉넉한 마음의 품으로 여며준다. 이 세상에서 많은 것을 얻었어도 정작 중요한 한 가지를 얻지 못한 아쉬움, 반대로 모든 것이 사라져도 마지막까지 남을 수 있는 언어가 무엇인가를 골똘히 생각해보게 된다.

　몇 년 전, 여의도의 찻집에서 혼자 앉아 있는 ㄱ교수님을 만났다. 방송출연차 오셨느냐는 문의에 대답 대신 오래 웃으시더니 "여의도의 보물인 감나무를 보러 왔죠." 하셨다. 신촌에서 여의도까지 감나무를 보려고 오신 것이 너무나 인상적이었다. 그때부터 나도 덩달아 감나무에 대한 애착으로 특별한 시선을 보내게 됐다.

　서리가 내린 이른 새벽, 출근해서 보면 새벽잠을 털고 세수한 듯 청신한 얼굴로 맞아준다. 떨어지는 것, 사라져간 것들에 대한 허무감, 지난 계절을 허송한 반성의 시간으로 사람들의 가슴이 시린 줄도 모르고.

　이 계절에 너 하나만으로도 우주가 충만할 수 있다고 찬사를 보냈나 보다. 찬바람에 볼이 시린 줄 모르고 매달려 있는 걸 보면. 빨간 신호등처럼 허욕에 들뜬 나를 멈추게 한다. 아니 의욕은 있어도 열정이 없어 이루지 못한 것을 아쉬워하지 말라고 타이르기도 한다.

시간은 나무 위에서 열매를 야무지고 빛나게 하려고 애썼나 보다. 그래서 마침내 우주의 심장처럼 버티는 당당함 앞에서 초라해지는 부끄러움을 인정해야 한다. 세속의 욕망을 다 버리고 손 닿을 수 없는 꼭두에서 고고하게 매달린 모습, 그것은 실리와 타협하지 않는 사람의 외롭지만 고매한 삶을 생각나게 한다. 부단히 갈고 다듬어 빛나는 언어로만 이뤄내는 창조의 열매를 거두고, 평범한 이들을 내려다보는 위치에 선 사람을.

오늘 아침엔 길모퉁이에서 낙엽을 모아 태우고 있었다. 그 연기에 나무 꼭대기에 있던 감의 모습이 가물가물해지고 있었다.

내가 얼마 동안 본 것은 실로 허상이었던가. 꿈은 풍선처럼 날아가 버리고 방황과 좌절에 빠진 이들에게 등불처럼 보이던 것도 잠깐이었다.

시골에서는 날아다니는 까치의 양식으로 남겨지는 것이지만 도회지의 길목에서는 볼품이 없어지면 장식품이던 감의 임무도 끝나버린다. 산호조각 같은 짙은 농도의 마지막 말을 남기고 저녁햇살 앞에 표적 없는 화살처럼 떨어져도 좋으리라.

어떤 몸짓이든 산 좋고 물 맑은 고향을 떠나와 번잡한 도회지에 서 있는 감나무. 그것은 바로 고단한 현대인의 모습이 아닌가.

몇 년 전에 감나무를 보러 오셨던 ㄱ교수님은 감나무에게서 향수를 깊이 느끼신 것 같다. 오랫동안 재직 중이던 서울의 대학을 훌훌 버리고 남단의 고향, 바다의 품에서 살며 고향 근처의 지방대학으로 옮기셨다.

몇 개 매어 달린 감이 동양화 같지만 정물처럼 조용한 것이 아니라 사람의 마음을 움직이는 역동적力動的인 의미를 지녔음을 ㄱ교수님의 귀향에서 깨닫는다. 「맨 마음 빈손으로 돌아간다」는 글에서 ㄱ교수는 귀향 이유를 여러모로 밝혔지만, 도회의 감나무도 귀향의지를 굳혀주었으리라고 추측된다. 도회지 감나무의 언저리가 ㄱ교수에겐 고향 둘레나 마찬가지였으리라. 어릴 때 몸 비비며 기대던 산들이 오순도순하고 바다의 물안개가 스며드는 고향, 그 속에서 소박한 인정에 가슴을 덥히고 청아한 새소리에 귀를 틔우며 살고 계시다.

고향과 순수를 찾아주는 감나무.

감나무는 지역적인 고향만이 아니라 순수하던 마음의 고향까지 찾아주는 몫을 하지 않았을까.

목표를 탐내서 눈은 충혈되고 욕심으로 얇아진 가슴, 그리고 경쟁으로 냉혹해진 우리에게 지순한 눈빛과 너그러운 사랑, 소망을 소생시켜줄 것을 기대하며 감나무 둘레를 서성거려 본다.

어쩌면 마음의 고향을 찾아주는 것은 고단한 감나무의 몫이 아니고 진실한 사랑이 담긴 문학인의 사명인 것을.

(1994.)

유언비어와 마술 모자

김포공항 쪽에서 강변대로를 달리다가 양화대교 부근에 다다르면 국회의사당의 뒷모습이 보인다. 넘실거리는 한강 물줄기를 비껴서 메마른 샛강 곁으로 한 발 물러나 있는 국회의사당. 먼 거리에서 보면 둥그스름한 지붕의 돔이 고즈넉해 보인다. 그래서 어떤 생명을 품고 있다가 부화孵化시켜서 어느 날엔가 날아올릴 것 같은 환상을 갖게 한다.

일제의 흔적과 전란의 상처가 얼룩져 있던 서울 한복판의 옛 건물을 버리고, 한강 건너 여의도의 너른 곳에 당당하게 세워졌을 때만 해도 서울을 한 아름에 안으려는 기세가 느껴졌었다. 정문 앞에서 보면 앞으로 너른 마당과 부속건물을 멀찌감치 거느리고 있어서 양반의 체통을 지키려는 근엄함이 엿보인다고나 할까. 교회의 첨탑이 상징하는 초월적인 의미는 아니더라도, 풍랑 속에서도 끄떡없이 버틸 만큼 안정감이 있게 보였다.

그런데 어느 날부턴가 출근길에 보이는 뒷모습이 초라해 보이기 시작했다. 주변에 으리으리한 건물이 치솟은 것도 아니고 의사당 건물의 외벽이 퇴색하거나 샛강 바닥에서 먼지가 풀풀 날리고 있어서도 아니었다. 가장자리에서부터 여러 개의 석조기둥이 받치고 있는 윗부분, 그 평평한 지붕의 가운데에 자리잡은 둥그스름한 돔을 보며 가다가, 길을 꺾어 돌아 다시 정문 앞에서 바라봐도 생각이 바뀌지 않는다. 단상壇上에서 멱살다지기를 하고 난투극을 벌이는 그런 소란스러움이 연상되어서도 아니다. 언젠가 설마설마하면서 들은 유언비어가 생각나는 것이다. 사람의 목숨이 다하면 매장하러 갈 때 싣고 가는 상여喪輿, 그 재래식 장의도구 같아서이다.

입법·사법·행정의 순서로 입법부가 우위인 것이 불만이었던 어느 행정수반이 의사당에서 자신의 정책에 이러쿵저러쿵하는 것이 못마땅해서 의사당 설계 때 상여처럼 하게 했다고 한다.

그것이 유언비어인 줄은 알면서도 지붕 가운데 둥그스름한 돔과 밑부분의 가는 기둥 여러 개가 위에 포장만 씌우면 영락없이 상여같이 보인다.

상여라니, 어렸을 때는 그 음울하고 무서운 이미지 때문에 소풍 갔던 절[寺]의 단청丹靑을 봤을 때도 상여가 생각나서 도망치고 싶었다.

우리 읍내에서 10여 리나 떨어진 곳에 상엿집이 있었다. 야산 뒤쪽에 있었는데 그 산을 지나서라야 집에 갈 수 있는 친구가 비 오는 날엔 상엿집이 있는 쪽에서 귀신 소리가 들려온다고 했다. 어느 날 친구네 집에 따라가면서 숨도 크게 안 쉬고 그 야산에 이르렀는데 짙은 소나무숲 옆에 자리잡은 상엿집은 적막 속에 묻혀 있었고 우리들의 발걸음 뒤로 솔숲에서 나는 바람 소리만 쏴아쏴아! 하고 따라왔다. 그 산 너머 자리잡은 아늑한 동네에 친구네 집이 있었다. 처음 갔을 때는 동네 뒤쪽 산비탈을 끼고 펼쳐져 있는 배[梨]밭에 만발한 하얀 꽃들이 눈앞에 서늘하게 다가왔었다. 좁고 어두운 친구네 집보다도 늦봄이면 오디가 달콤한 뽕나무밭으로 뛰어갔고 가을이면 시원한 배를 맛볼 수 있어서 까치처럼 배밭 주위를 서성거렸다.

어느 해엔 배밭 뒷길로 해서 산으로 가다가 반대편에서 오는 상여와 장례일행을 만났다. 무서우면서도 베옷 입은 유족들을 돌아보며 갔는데 곧바로 나타난 기와집. 건강하던 주인이 이사오자마자 앓기 시작하더니 결국은 상여를 타고 떠났다고 한다. 어른들이 그 집은 흉가[凶家]라고 했다. 그래서 이사 오는 사람마다 병이 나거나 망해서 나가는 귀신 붙은 집이라고 말했었다.

얼마 뒤에 갔을 때 주변엔 목백일홍이 붉게 피어 있는데 그 집 대문은 굳게 잠겨 있던 생각이 난다.

이탈리아 국회에서는 우리나라의 의사당 같은 유언비어가 없는데도, 난투극 등을 벌여서 국민들이 외면하자 마음을 돌려보려고 의사당에서 시낭독회를 열었다고 한다. 작년에 열었던 미술전람회의 반응이 좋았던 것에 자신을 얻어 지난 2월엔 5천 명의 방청객을 초청해서 시낭독회를 열었던 것인데 TV로도 중계되어 관심을 모았다는 것이다.

우리도 그런 흉내는 내도 좋을 것 같다. 난투극으로 명예가 실추되고 일부에만 알려진 유언비어이지만 금기의 도구를 닮았으니.

귀신 붙은 흉가나 귀신 소리가 들리는 상옛집은 보통사람들이라면 다 피하려 할 것이다. 나 역시 죽음이 인생의 끝이요 삶의 모든 가치의 끝이라는 것을 초월하지 못한 범인으로서 의사당 건물이 상여 닮은 사실을 꺼림칙하게 여기며 지나치는 게 보통이었다.

오늘은 출근길에 안개가 짙어서 당산철교 부근에서 자동차가 꼼짝도 않고 있는데, 의사당 쪽을 내다보니 맨 윗부분 둥그스름한 돔이 안개 속에서 드러나고 있다. 가까운 나무에서 새들이 펄럭거리는 소리를 들으니 마술사의 낡은 모자가 생각난다. 휙 돌리면 비둘기가 날아오르던 그 모자처럼 윗부분만 안개 속에 둥그스름하게 솟아오른 국회의사당.

정거했던 자동차가 갑자기 출발하자 모자 속에서 튀어나오던 비둘기처럼 불현듯 생각나는 것이 있다.

어렸을 때 흉가라고 비워뒀던 친구네 동네 그 집에 새주인이 들어와서 잘 살고 있다고 해서 부랴부랴 달려갔었다. 과연 잠겼던 대문이 활짝 열리고 마당가엔 병아리가 모이를 쪼고 방 안에선 아기 울음소리가 들려 나왔었다.

어른들이 귀신 들린 집에는 약한 사람이 오면 망해 나가고 강하게 이겨내면 성공한다더니 제대로 임자를 만난 거라고 좋아했었다. 과연 살림도 불어나고 성공했다는 후문後聞이 오늘 아침 떠오른 것이다.

 귀신 들린 집에 용기 있는 사람이 들어가 불행요소를 이겨내고 승리한 것을 생각하며, 정의와 용기의 주인공들이 국회에 들어간다면 의사당이 상엿집 같다 해도 분열과 반목 대신 화합으로 발전할 것이라는 희망을 가져본다.

 이런 생각으로 의사당을 보니 언제 부화시켰는지 비둘기 떼가 날아오른다. 안개 속에서 누가 마술 모자를 휙 돌린 듯이.

 이러다간 국회의사당이 마술 모자 같다는 유언비어가 또 나돌지도 모르겠다.

(1994.)

숨은 별 찾아내기

안과에서 일 년에 한 번씩 시야검사를 한다. 불을 끈 암실에서 기기 앞면 작은 렌즈를 한 눈으로 들여다본다. 은하계같이 뿌연 가장자리 쪽에서부터 반짝 별이 나타나는 순간 재빨리 손에 쥔 신호기의 스위치를 누른다. 눈의 초점을 모으고 바깥, 안쪽에서 나타나는 별 하나라도 놓칠세라 눈에선 뜨거운 눈물이 흘러 내려도 닦을 새 없이 스위치를 눌러야 한다. 별을 식별해냈어도 스위치를 안 누르면 검사표에 표시되지 않기 때문이다.

나는 얼마 전 시야검사를 하면서 여행이야말로 삶의 시야를 넓히는 것이란 생각을 하게 되었다. 책상 위 전기스탠드에 불을 켜면 좁은 둘레만 환하다. 어느 날 천장의 전등 촉수를 높이고 환하고 넓은 공간을 누리고 싶게 된다. 자기만의 테두리 안에서 안주하는 것은 아닌가 돌아보고 일상적인 삶에서 벗어나 먼 곳, 넓은 세계를 찾아 떠날 꿈을 꾸는 것이다. 주어진 삶에서 벗어나려는 정신적인 사치가 아니라 안일하게 어떤 일을 기다릴 수 없는 조바심으로 여행을 시도하기도 한다.

어린 시절엔 그야말로 자기가 사는 땅이 세상의 전부인 줄 알았다. 그러나 성장하면서 고향에 흐르는 강물이 어디로 흘러가고 멀리 보랏빛 산맥은 어디로부터 시작되었는지 궁금했다. 그 무렵 내게 처음 여행이라는 기회가 왔다. 교과서에서 배운 백제멸망의 역사, 그 현장이었던 부여에 가기 전에 나는 얼마나 설렜는지 모른다. 나당 연합군이 쳐들어왔을 때 삼천 궁녀가 치마를 둘러쓰고 뛰어내렸다는 낙화암, 고란사와 조룡대 바위의 전설이 서려있는 부소산에 간다는 설렘으로 잠을 설쳤다. 그러나 장마가 지난 뒤여서 푸르다는 백마강은 황톳빛 누런 물이 넘실거렸고 부소산은 부서진 기왓장 부스러기가 소나무 밑에 쌓여 있을 뿐이었다. 고란사의 규모는 상상한 것보다 얼마나 작던지.

이처럼 여행을 떠나기 전에는 언제나 설레었고 돌아올 땐 허전하기 일쑤여서 한때는 여행하기를 망설였다. 그러나 후일 가슴 설렘도 나의 몫이지만 허전함도 내 것이라 소중해졌다. 기대와 설렘이 있었기에 허전함도 당연한 것, 이 반복적인 행위에 후회가 없게 되었다.

우리는 무언가 변화가 없으면 견디지 못한다. 새로운 것, 창조적인 삶을 바라기도 한다. 일상적 삶이 답답하면 더욱 그렇다. 일상적 삶이 잘 돌아가지 않고 거대한 늪처럼 침체해 있을 때, 새로운 공간을 찾아보려는 열망에서 여행은 비롯된다. 우리 삶의 형태는 별다름이 없으리라. 그리고 바라는 실상도 거창한 이념이나 가치에 있는 것이 아니고 사소하지만 소중한 일상적 삶의 규범을 따름에 있다. 삶의 골격은 비슷비슷하나 피부, 즉 삶의 질을 이루는 데는 개인차가 있을 것이다. 삶의 질을 가꿈에 있어서 반드시 경제적인 것에 좌우되지는 않는다. 짐작할 수 없는 미지의 세계로의 발걸음, 독창적인 취미나 사고의 전환으로 가꿔 가는 살결이 있을 것이다. 짐작할 수 없는 미지의 세계에서 나그네가 되어 얻어지는 소중한 추억이나 은밀한 기쁨은 윤기 나는 살결을 유지하게 할 것이다.

내가 가보고 싶은 것은 먼 미지의 땅, 남극이거나 북극 또 아니면 지도상에 없는 아름다운 곳이 아니다. 목적지가 어디이든지 가슴속에 간직해두고 싶은 또 하나의 동경이 자리 잡고 있어서 넘치는 기대나 상상으로 우선 행복해질 수 있다. 어쩌면 이 세상은 어느 곳에나 보이지 않는 비밀과 신비가 가득 차 있는 경이로운 것이다. 풀포기만 더부룩한 어느 문명의 유적지나 잘 보존된 문화유산이 빛나는 나라, 모래와 낙타초만이 띄엄띄엄 있는 사막의 어느 모서리에도 시원한 수로가 있고 허물어져 가는 빈 집 어딘가에 국보급 보물이 감춰져 있을지 모른다.

우리는 『야간비행』의 생텍쥐페리처럼 지상에서 먼 곳을 비행하며 따뜻한 불빛을 그리워하는 처지처럼 외로운 나그네이기도 하다. 여행지에서 색다르고 기쁜 소득이 없었다 해도 내가 두고 온 것들의 소중함을 깨닫게 되고 내 자신을 멀리서 객관적으로 관찰할 수 있는 기회를 얻을 수 있다. 내가 보고 들었던 사물들과 만나는 사람들, 그리고 나의 의식이나 기억 속에서 발굴해내기를 기다리는 존재들을 발견할 수도 있었다. 나와 이웃과의 사이에 있었던 관심과 애정, 그것들의 소중함도 깨닫고.

　같은 강물일지라도 청명한 가을날엔 투명한 물빛이 가슴을 쏴악 씻어준다. 그 물빛에 짙고 고요한 정신의 내면을 비춰볼 수 있을 것이다. 세월이 갈수록 옅어지는 감동, 어느 여행 때는 경이롭게 보았던 풍물도 마음가짐에 따라 평범해 보일 수 있다. 나 자신과 주변 인물들에 대해 염증이 나면 도피성 여행을 떠나기도 했다. 그러나 대자연 속에서 우리 인간은 그 일부에 지나지 않는 미미한 존재임을 확인했고 인간을 초월하는 대자연의 에너지에 압도되어 돌아왔다.

　다양한 방향으로 삶의 통로를 열어놔야 할 것이다. 여행을 통한 다양한 시선의 관찰과 사색으로 가꾸는 삶의 질. 자기가 처해 있는 곳에서라면 무심하게 보아 넘길 수 있던 바위 하나가 여행지에서라면 기묘하게 여겨지면서 영원한 아름다움으로 입력되기도 한다. 내가 선의의 눈빛으로 보면 의미가 부여될 수 있는 풍경과 정물, 그것들이 기억 속에 남아 꺼지지 않고 빛나는 별이 되리라.

　자동시야검사기에 별빛이 나타나도 내가 식별해내지 못하면 나의 시야범위는 넓지 못하다. 신체적인 결함의 시야는 넓을 수 없을지라도 나의 여행지도는 넓게 그려보고 싶다. 경이롭고 신비한 만남에서 빛났던 별들로 여행 지도를 넓게 그려보고 싶은 나의 욕심이다.

(2003.)

색깔 있는 그림자

30여 년 전 해외여행 때, 한밤중에 잠이 깨어 일어났다가 내 그림자에 놀란 일이 있었다. 흐릿한 수면등 뒤에서 시커먼 그림자는 방 안을 꽉 채우고 있었다. 나는 놀란 가슴을 진정시키며 생각했다. 마음속에 숨겨둔 어두운 비밀이 있기에 무서운 것일까. 한동안 내 마음은 진실이라 해도 닿을 수 없는 누군가의 마음에 이르려고 노력을 기울였었다. 내가 할 수 있는 언어와 행동으로 최선을 다하고 있었지만 나는 어쩔 수 없는 마음의 그림자를 지니고 방황해야 했다.

인간의 성숙이 완성되는 것과 해가 가장 높이 뜨는 정오에 같은 의미를 둘 수가 있을까. 행복으로 말하자면 좋아하는 대상에 도취될 때 너와 내가 하나가 될 때 행복할 것이다. 그때 그림자는 존재하지 않는다. 사랑하는 사람은 가슴속에 간직하게 되기 때문에 그 그림자가 따르지 않을 것이다. 그가 행복할 때 나도 행복하고 그가 불행하면 나도 서글프다. 그가 가는 곳에 나도 동행하게 되면 행복할 것이다.

정오의 해 아래서는 그림자가 없다. 인간도 고뇌와 시련을 이겨내고 나면 평화로워져서 어두운 그림자가 자취를 감추게 될까. 그림자는 다양한 각도에서 빛이 비칠 때에 여러 형태나 길이로 달라지지만, 부정적인 어두움으로서의 그림자는 짧을수록 아니 아예 없어지는 정오를 생각하게 된다.

  욕심이 많아 자신의 처지도 모른 채 집착으로 그림자처럼 일이나 사람을 따라다녀 괴로움을 낳는 것을 보게 된다. 집착의 굴레에서 마음속으로 끈질기게 따라다니면서 아파하고 파멸하는 것을 많이 보아왔다.

  실제로 내가 아는 지인은 지독한 열애 끝에 헤어진 사랑의 그림자가 따라다녀서 자신을 알아보는 사람이 없는 섬으로 떠났다. 자기 사랑이 아니라고 등을 돌리고 떠났던 여인에게서 멀어져서 섬에 가면 어느 정도 평온해질 것으로 알았다. 바라다보이는 건 아득한 수평선, 손을 들어 올리면 금세 잡아질 것 같은 수평선은 눈길 줄 때마다 조금씩 더 멀어지고 마음으로 붙잡지 않으면 모든 것은 자꾸만 달아날 것만 같던 섬. 문제는 자신의 마음이었지 섬에서의 은둔과 고독은 더욱 외로운 존재임을 확인시켜주는 것 같아 다시 돌아왔다고 했다.

      언젠가 내가 너를 잃게 되어도
      그래도 너는 잠들 수가 있을까.
      보리수의 수관처럼 네 머리 뒤에서
      언제까지나 사랑을 속삭이는 내가 없이도

릴케의 시구 같은 애련함이 존재하는 사랑이야말로 영원할 것이다.

그림자는 마음 안에 잠재해 있던 무엇에 대한 지극한 열망이 생명을 얻어 태어난 나의 분신分身이 아닐까. 애지중지할 수는 없지만 그 그림자의 존재를 소중하게 받아들이려고 한다. 스스로 타오를 수가 없어 불빛 곁에서 피어나는 허상虛像이라고 비웃지는 말아야겠다. 날개 안에 아름다운 빛깔을 숨기고 있는 예쁜 새처럼 춤을 출 수도 있으리라. 그러나 어디엔가 환상과 노래까지 함께하며 살 수 있는 집에 안주할 수 없는 외로운 존재이다. 그림자는 집을 꿈꾸지만 끝없이 어리석게 삶의 뒤통수나 바라보는 공허한 존재인 것이다.

나는 한때 이름 모를 병에 시달려야 했다. 양의에게 진찰을 받았는데 이렇다 할 병명이 나오지 않았다. 연세 높은 한의를 찾아갔을 때 오랫동안 맥을 짚어본 노의원은 내 병이 마음에서 비롯된 것 같다는 의미심장한 말씀을 들려주었다. 나는 명사를 섭외할 능력도 없으면서 유명프로그램에 샘을 냈고, 막상 닥쳐도 감당하지 못할 텐데 어려운 것에 대한 무모한 욕심을 내지 않았던가. 그리움의 사슬을 끊을 수 없어 애태웠고, 용서해도 될 만한 잘못을 저지른 이에 대한 미운 마음으로 괴롭지 않았던가. 원수를 사랑하라는 기독교 진리에 익숙하면서 빛을 향하는 마음을 지니지 않은 채 살아온 것을 뉘우쳐야 했다. 한동안 마음속에 어두운 그림자가 드리워서 몸까지 괴롭혔음을 깨달았다.

진짜 그림자는 덧없는 거품과 같이 무게도 없이 허무하지만, 마음속의 그림자는 격렬한 몸짓이 없어도 괴롭게 흔들리게 하고, 고뇌, 풀무질까지 서슴지 않았다. 크고 작은 파도가 물러난 뒤의 넓고 평온한 가슴을 지닌 바다. 고요한 일몰을 아무렇지도 않은 듯 황홀한 빛으로 물들이고 있는 바다에서 오래 머무르고 싶다.

최근 친구들의 모임에서 무서운 것에 대한 얘기가 나왔는데, 어떤 친구는 치매가, 또 고독이라는 친구도 있었다. 젊은 날 해외여행 때 내 그림자가 무서웠다는 나의 고백에, 한 친구는 그림자의 색깔이 시꺼먼 것이라 그랬을 거라면서 웃는다. 다른 친구는 함께 갔더라면 그림자에 색깔을 칠해줬을 텐데, 하고 아쉬운 표정까지 지었다. 어쩌면 무미건조해서 외롭게 빛깔 없이 사는 내겐 검은 그림자가 어울린다고 대꾸하는 마음속이 편안치가 않았다. 넉넉한 나이에 이른 지금도 마음속의 그림자가 걷히지 않아서였을까.

딸들에게 왕국을 나누어준 후 황량한 광야로 쫓겨난 리어왕은 비로소 묻는다. "여기 누구 나를 아는 사람이 없는가? 이건 리어가 아니야. …네가 누구라고 말할 수 있는 자, 누구인가." 옆을 지키던 광대가 대답한다. "그건 당신의 그림자요."

셰익스피어의 비극 「리어왕」의 마지막에 나오는 장면이다. 그림자가 보이든 안 보이든 우리 인생은 그림자를 쌓아가는 일이다.

(2015.)

3

콜럼버스의 바다, 드보르자크의 바다

콜럼버스의 바다를 생각한다.

어린 시절 바닷가에서 수평선으로부터 서서히 부두로 다가오는 기선을 보면서 콜럼버스는 지구가 둥글다는 것을 깨달았다. 그래서 바다로 계속 나아가면 나타날 새로운 세계를 동경했다. 결국 콜럼버스가 발견한 '아메리카'의 바닷가에서 4백 년 후, 뉴욕내셔널 음악원 원장 드보르자크Antonín Dvořák, 1841~1904가 기선을 구경한다.

그가 미국 체재 중 작곡한 현악 4중주곡 F장조, 일명 『아메리칸』은 망향서정이 물씬하고 보헤미아 요소가 담겨 있다.

3년 전 체코의 수도 프라하 시내 관광을 잠깐 했다. 구 시청건물의 신비한 천문시계를 비롯, 많은 문화재가 중세의 향취를 풍겼고 첨탑들이 곳곳에 솟아 모래밭의 운모처럼 반짝였다. 민예품과 미술품이 즐비한 골목길을 지날 때 어느 집에서 흘러나오던 드보르자크의 선율, 순간 드보르자크도 이런 길을 산책했으리라고 짐작하며 관광객이 몰려가는 '칼 브리지'로 향했었다. 다리 위에서 블타바 강물을 내려다보며 '뉴욕에서 물결을 보던 드보르자크는 어떤 생각을 했을까, 피압박 민족인 동포들의 서러움과 이방인의 고독이었을까.' 헤아려 봤었다.

강의 잔물결 같은 바이올린 연주로 현악 4중주곡 『아메리칸』은 시작된다. 이국적인 주제가 1악장에서부터 향수에 젖게 한다. 2악장은 처음 들었을 때는 절절이 슬픔을 깔고 있어서 '봉선화' 같은 처량함을 느꼈었다.

드보르자크는 뉴욕 음악원의 섭외를 처음 받았을 때에 좋은 조건임에도 선뜻 승낙하지 않았다. 그런데 재직 중이던 프라하 음악원에서 휴가가 결정되어 미국 체류를 작정했다. 향토와 민족을 사랑한 드보르자크는 미국에 살면서 체코 이민들과 흑인들이 박해받는 것에 연민을 느낀다. 향수병에 걸린 드보르자크는 미국의 체코 이민촌인 스필빌에 가서 묵으며 비로소 향수를 달래고 그들과 함께 슬픔을 나눌 만큼 여유를 갖게 된다.

풍부한 정서가 담긴 현악 4중주곡의 스케치를 사흘 만에 완성할 수 있었던 것은 절절한 아픔이 가슴에 고여 있었기 때문이다. 흑인영가에 담긴 비애를 공감하고 체코적인 것과 융화시켜 아름다운 작품을 낳았다. 특히 2악장은 흑인영가풍의 애수가 슬프면서도 화려해서 눈시울을 적시게 한다. 드보르자크의 연민을 모르는 친구들은 계속 미국적인 작품을 쓰도록 권했다. 미국을 찬양한 롱펠로우의 시로 오페라 작곡을 의뢰받았을 때 수락했더라면 미국 오페라의 아버지로 존경받고 평생 안락을 누렸을 것이다. 그러나 드보르자크는 동포들의 고생을 보면서 자신만의 영달을 위한 일에 마음이 내키지 않았다. 3악장의 빠른 선율은 자연과 호흡하며 느끼는 기쁨을 담고 있다. 3, 4악장이 아니라면 이 음악은 망향과 애수, 이런 힘없는 것으로 인상지어질 것이다. 그러나 경쾌하고 즐거운 3, 4악장 때문에 기백과 약동하는 생명감을 느끼게 된다. 나아가 범세계적인 민족의식을 볼 수 있는 『신세계교향곡』과도 같은 매력이 있다.

스케일이 큰 민족주의자였던 드보르자크, 그는 애국자이면서 자신의 음악을 체코 국민들과는 물론이고 세계의 사람들과 나누기를 원했다.

콜럼버스가 어딘가 미지의 세계가 있으리라고 동경하다가 발견한 아메리카, 그 아메리카에서 바다를 바라본 드보르자크는 넓은 인간애와 잔물결 같은 인정이 넘쳐 있어서 세계인에게 잔잔한 파도처럼 기쁨을 안겨준다.

바다를 바라보며 망향의 마음을 달래려 했다기보다 체코 민족도 홀로가 아닌 세계와의 연대가 가능하다고 마음을 넓혔을 것이다. 콜럼버스가 바라보던 기선이나 드보르자크가 보던 기선, 모두가 사람과 화물을 싣고 목적지로 흘러가고 또 정박하는 것이 아닌가.

기선의 항해는 바다가 있는 한 영원히 계속될 것이고, 콜럼버스와 드보르자크의 신세계는 그 영원을 향하여 계속 열려 있어서 현대를 사는 우리도 현악 4중주곡의 선율 속에서 출렁이며 흔들리며 항해를 계속한다. (1995.)

그대 음성에 내 마음 열리고

불빛이 은은하게 비치는 장막에 잠입한 삼손은 비단과 장식품 등 좋아보이는 것을 골라 자루에 집어 넣는다. 얇은 휘장 뒤에서 지켜보던 데릴라는 계획이 적중한 것 같아 회심의 미소를 짓는다. 거만하기 그지없던 삼손에게 다가가는 데릴라의 하얗게 드러난 어깨 아래로 잠자리 날개 같은 드레스 자락이 끌린다. 치밀하게 계산된 데릴라의 고혹적인 유혹에 삼손이 서서히 말려들어가던 영화의 장면들.

데릴라의 요부 연기가 인상에 남아 있던 어느 날 마리아 칼라스 Maria Callas, 1923~1977의 음성으로 오페라 『삼손과 데릴라』에 나오는 아리아를 듣게 됐다. 데릴라가 삼손을 유혹할 때 부르는 '그대 음성에 내 마음 열리고'였다.

영화에서는 야한 듯한 장면이었는데 오페라의 아리아는 그윽하면서도 연연하다. 외국어 가사를 모르더라도 노래 전체의 흐름이 간절한 사랑을 호소하고 있음을 알 수 있다. 들을수록 거짓으로 꾸며서 연인을 유혹, 파멸시켜야 하는 자신의 처지를 슬퍼하는 듯 애잔하기도

하다. 강한 철성인 마리아 칼라스의, 다른 노래보다 낮은 발성인 메조소프라노 소리에 자력처럼 이끌린다.

> 그대 목소리에 내 마음 열리네
> 아침의 키스에 눈뜨는 것처럼 넓게
> 저를 기쁘게 하고 다시 눈물짓게 하지 않으시려면
> 변하지 않는 사랑을 맹세하셔요(하략)

자력 같은 목소리와 이런 가사라면 신앙과 기도로 무장한 삼손이지만 어찌 마음을 열지 않았겠는가.

삼손의 기적 같은 힘의 비밀을 알아내는 일을 맡은 것은 데릴라의 용기였고, 새로운 위치를 얻으려는 도전이었다. 큰 상금으로 당당한 삶을 얻게 될 수 있으니까. 마리아 칼라스가 불우한 가정과 뚱뚱하다는 열등감에서 벗어나기 위해 뛰어난 오페라 가수가 되려고 작정했던 것처럼.

열정의 화신 데릴라는 역동적인 여성이었다. 타락하지 않겠다고 신께 서약한 삼손에게 신보다도 강한 것이 '사랑'이라고 다그쳐서 비밀을 캐내고 체포되게 한다. 그리고 드디어 블레셋의 왕들과 함께 제사에서 잔을 올릴 만큼 지위가 높아졌다.

마리아 칼라스도 천부적인 음성과 노력으로 15살에 고국 그리스의 아테네 극장에서 오페라 가수로 데뷔했다. 그 후 극적인 힘과 총명한 지력으로 이탈리아와 뉴욕에서 성공을 거뒀다. 한창 시절엔 신비하고도 매혹적인 노래로 청중을 도취시키고 권위와 긍지로 주위를 무릎 꿇게 했다.

이렇듯이 두 여성은 야망은 달성했지만 참사랑의 실패자이기도 하다. 데릴라는 사랑한 삼손을 파멸시켜 신분상승에는 성공했으나, 다시 기적의 힘을 얻은 삼손이 신전의 기둥을 쓰러뜨릴 때 블레셋 사람들과 함께 깔려 죽는다. 마리아 칼라스도 오페라 가수로 자신을 성공시켜준 남편, 매년 생일이면 '당신은 나의 삶 전부'라며 머리맡에 써놓고 행복을 자랑하던 메네기니와의 12년 결혼 생활을 선박왕 오나시스와 만나자마자 미련 없이 끝내 버렸다. 그러나 오나시스와의 힘겨운 교제로 결국 42살의 젊은 나이로 오페라 무대에서 은퇴하고, 12년 후엔 숨을 거둔다.

그러나 '인생은 짧고 예술은 길다'는 진부한 말을 그녀의 음반을 들으며 확인하는 기쁨을 누린다. 오페라 작곡자인 생상스가 데릴라에게 특별히 애정을 부여한 것처럼, 진실한 사랑이 배어나오는 아리아, 많은 성악가들이 취입했지만 나는 마리아 칼라스의 것을 좋아한다. 그녀의 안하무인이며 악녀적인 이미지가 데릴라와 어울리기 때문이다. 과장된 표현은 깨뜨리고 음악의 순수성과 내면에서 우러나오는 영혼의 노래를 부른다는 소신대로, 맡은 주인공의 진실에 다가간 것에 새삼 감탄한다.

'금빛소리를 가진 태풍'으로 헤밍웨이가 절찬할 정도로 청중을 사로잡은 마성, 신화창조의 비밀은 헌신과 정열이었을 것이다. 무대 은퇴 후, 줄리아드 음악원에서 후배를 지도하며 "노래가 시작되기 전부터 청중에게 맡은 인물의 가슴에 흐르는 정감을 전해야 합니다. 호흡하는 몸짓도 하나의 감정입니다."고 강조한 말도 그 비밀의 일부에 지나지 않을 것이다.

(1996.)

시원한 냉면과 파가니니

　해마다 여름이면 붉은 깃발을 걸고 신장개업한 냉면집을 찾아본다. 기대하며 달려가서 먹어보면 번번이 실망하면서도. 면이나 국물맛이 20년 동안 단골집에 미치지 못하는 걸 확인하는 결과밖엔 안된다.

　얼마 전에 먼 거리에 있는 단골집에 근무시간에 택시를 타고 달려가기도 했다. 그 집에 들어서니 식탁 위에 놓인 냉면 대접만 봐도 땀이 식고 군침이 돌았다. 대접 바깥에 찬김이 서려 있고 안에 굵은 모시올처럼 가뿐하게 틀어 올린 면이 솟아 있었다. 그 위에 길쭉한 무김치와 수육, 아슬아슬하게 얹혀 있는 달걀이 서걱서걱한 얼음 육수에 굴러 떨어질 듯했다.

　식초와 겨자를 넣고 면을 풀어 휘휘 저을 때 코끝으로 산뜻하게 다가오던 내음, 면을 한 젓가락 입에 넣었을 때 매끄럽고 쫄깃한 맛에 미처 육수의 맛이 아쉽지가 않았다. 국수를 몇 젓가락 삼킨 다음 국물을 후루룩 들이켰을 때 사이다처럼 짜릿하던 맛, 입안엔 구수한 뒷맛이 남고 가슴은 서늘했다. 아! 그때서야 냉면을 무척 좋아하는 친구들 몇몇이 떠올랐다. 그 친구들과 함께 이 별미를 즐길 수 있다면 얼마나 좋을까.

가난한 슈베르트는 친구를 무척 좋아했다. 그래서 초인적인 재주를 가진 바이올린 연주자 파가니니Niccolò Paganini, 1782~1840에 매혹되어 친구들에게 입장권을 사주고 자신도 연주회에 매일 다니느라 호주머니에선 먼지만 날렸다.

같은 시대의 바이올리니스트는 물론 슈베르트까지 현혹시킨 파가니니의 연주가 음반 제조기술이 없던 때여서 전해오지 않는 것이 안타깝다. 그러나 그가 작곡한 바이올린 협주곡이나 카프리스의 악보를 후세 명인의 연주음반으로 들어보면서, 다른 작곡가의 작품과는 다르게 잘 뽑은 냉면발처럼 쫄깃한 매력을 느낄 수 있다. 마치 나의 단골 냉면집이 지금은 아들이 경영해서 돌아가신 아버지 때만은 못해도 다른 집의 것보다 훨씬 나은 것처럼.

음식 솜씨와 예술은 비교할 수 없는 것이지만, 어느 경지에 이르면 가능하지 않을까 생각해 본다. 파가니니는 '바이올린의 귀신'으로 불릴 만큼 독특한 마술적 기교를 지녔었다고 한다. 누구도 흉내낼 수 없는 기막힌 연주 솜씨 때문에 신비화된 얘기가 나돌았다. 연습하는 소리나 모습을 듣고 본 일이 없는데 무대에 서면 청중을 도취시키는 것에 사람들은 의심을 품었다. 그래서 악마에게 영혼을 팔아서 탁월한 연주기술을 얻어냈다는 루머가 퍼졌었다. 그만큼 숭고한 소리로 사람들의 넋을 흔들어놨다는 것이다.

내가 다니던 냉면집의 짜릿한 국물맛과 쫄깃한 국수맛은 서울 장안의 어느 집도 따르지 못했다. 국물은 양지머리를 고아 끓인, 뒷맛이 담백한 육수와 동치미 국물의 배합이며, 메밀가루와 녹말가루를 섞은 반죽으로 국수를 뽑는다는 등 방법은 대충 알려졌다. 그러나 그 맛은 아무도 따를 수 없어서 나쁜 소문이 돌기도 했다.

남들이 잠든 사이에 국물을 만드니 무엇을 섞는지 알 수 없고 국수가 쫄깃한 이유는 양잿물을 약간 넣기 때문이라는 것이었다. 그 부친의 생존시만 해도, 밤새워 육수를 공들여 끓이고 정성으로 국수를 뽑는 법 등 뒷얘기는 알려지지 않았었다. 육수를 고아내는 가마솥 곁에서 수시로 기름을 걷어내고 불을 조절하며 지켜보다가, 깜빡 졸아서 맛이 덜한 날엔 자신도 굶고 장사도 하지 않았다고 한다.

파가니니가 받은 어린 시절의 맹훈련이 최근 음악사가들의 연구로 밝혀졌듯이 냉면집 부친의 비법 아닌 비밀이 아들과의 인터뷰기사로 밝혀진 걸 읽었다.

어린 시절 파가니니는 하루 10여 시간이나 맹훈련을 받았고, 지키지 않은 날 그 아버지는 밥도 먹이지 않았다고 한다. 그런 훈련 덕분에 연주 중 현을 반음 올리거나 G선만을 반음 높게 하는 동작을 청중 모르게 재빨리 해낼 수 있었다. 그리고 줄을 왼손으로 튕기는 피치카토, 피리 소리처럼 감미로운 소리를 내는 플래절렛, 여러 음을 한꺼번에 내는 자기만의 연주법을 창안해냈던 것이다. 이 어려운 기술을 이미 어렸을 때 터득했기 때문에 성인이 되어서는 많은 연습이 불필요했다. 연주 여행 때 그의 비법을 엿보려고 옆방에 투숙했던 사람들은 헛수고였다.

음식 만들기나 연주에는 천부의 재능과 함께 숙련된 손맛이 어우러져야 한다는 진실을 잊기가 쉽다. 그래서 명연주가나 장인이 그 비법을 전수해 주지 않았다는 누명을 쓴다. 단골 냉면집도 아들이 방법을 전수받아 현대 시설까지 갖췄으나 그 맛은 부친 때만 못하다. 파가니니도 유일한 제자 시보리Sivori에게만 비법의 일부를 전해줬다. 분주한 연주여행 때문에 지속적인 교육은 못 시켰지만 자신이 창안한 연습방법으로 시보리의 테크닉을 1년도 안 된 기간에 빨리 향상시킬 수 있었다. 그러나 아무도 파가니니만큼 훌륭한 연주를 하지 못했으며 오늘날 그의 악보를 비슷하게만 소화해 내는 몇몇 연주가가 있을 뿐이다.

그는 자신의 기량을 발휘할 만한 많은 작품을 썼으나 오늘날 전해오는 악보는 바이올린 협주곡 6곡과 전 24곡의 카프리스뿐이다. 그중 『바이올린 협주곡 1번』은 "베토벤이나 브람스와 같은 정서적 깊이는 없으나 듣고 난 뒤에 일종의 시원함이 남는다."는 평가를 받았다.

쫄깃한 면과 육수의 조화로 이뤄지는 시원한 평양식 냉면. 오케스트라의 명쾌한 연주에 이어서, 비단 찢는 소리처럼 선명한 바이올린의 다채로운 독주를 받쳐주는 오케스트라 연주가 20분이나 되는 1악장. 마치 국수와 육수로 어우러지는 냉면처럼 맛있고 시원하다. 풍부한 서정으로 겨자처럼 쌉쌀하고 달콤한 2악장, 경쾌한 스타카토 기법으로 활기차며 화음이 뛰어난 마지막 악장.

후텁지근하고 불쾌지수 높은 계절에 밝고 현란한 파가니니의 바이올린 협주곡 1번이나 들어볼까?

(1996.)

자유의 금빛 날개

　음반이 귀한 시절에 자라서인지 길목의 음반 가게를 기웃거릴 때가 많다. 인기가수 앨범의 화사한 웃음이 유리창 너머에서 발길을 붙들어도 그냥 지나쳤는데 오늘 흘러나오는 노래는 나나 무스쿠리의 청아한 음성이다. 10대 취향의 노래를 틀어야 장사에 도움이 될 텐데 생각하면서 흐르는 「Song For Liberty」에 이끌려 가게 안에 들어섰다. 이 노래의 오리지널인 오페라 『나부코』 중 「히브리인들의 합창」을 찾으니 품절이라고 한다. 나는 다른 음반들을 둘러보다가 생각에 잠긴다.

　7, 80년대에 유신과 계엄령 선포, 위수령, 비상사태 선언 등으로 정규 방송 대신 파행 방송을 몇 차례나 했었다. 오락적인 분위기를 삼가라는 지시로 엄숙한 방송을 위해서 음악도 국민가요나 클래식을 선곡해야 했다. 그때마다 단골로 이용한 것 중의 하나가 베르디 Verdi, Giuseppe Fortunio, 1813~1901의 오페라 『나부코』 중 「히브리인들의 합창」이었다. 오리지널과 함께 팝송으로 편곡된 「Song For

Liberty」도 많이 틀었었다.

 이제는 그 비상사태가 특정인의 집권 연장을 위한 트릭이었음이 알려졌다. 그때는 석연치 않게 파행 방송을 하며 암담한 분위기를 만드는 게 마음에 걸렸다. 그럴 때마다 자유를 구가하는 노래를 저항의 말 대신 틀 수 있어서 좋았다. 청신한 멜로디와 힘찬 합창은 답답한 가슴을 뚫어주는 듯했다. 이 노래의 유래가 알려지지 않았기에 당국의 비위를 거스르지 않고도 자유를 구가하며 PD만이 누릴 수 있는 남모르는 묘미가 있었다. "날아라 생각이여 금빛 날개를 타고"로 시작되는 이 노래의 가사를 우리말로 소개한 일이 없지만, 내심 청취자들에게 속삭여 주고 싶은 구절이었다. 이런 의중이 은연중에 청취자들에게도 전해졌는지, 아니면 음악이 좋아서였는지 비상사태가 끝난 정규 방송에도 많이 신청해왔었다.

 올해로 서거 100주년을 맞은 베르디의 기념행사와 연주회가 세계 각 곳에서 열리고 있다고 한다. "날아라 생각이여 금빛 날개를 타고"의 가사는 작곡자 베르디를 침체에서 일으켜 세운 구절이다. 첫 오페라 『오베르토』로 호평을 받고 다음 작품 『하루만의 임금님』을 작곡할 무렵 부인과 아들의 잇단 죽음을 겪었다. 그래서인지 이 작품의 초연은 무참히 실패했다. 낙담한 베르디는 작곡을 그만두려는 결심으로 붓을 팽개치고 두문불출하고 있었다. 라 스칼라 극장의 주인 메릴리는 재능 있는 작곡가의 좌절을 그대로 둘 수가 없었다. 실의에 빠진 그에게 막연한 위로 대신 먼저 작곡의욕이 솟을 만한 대본을 구하는 일이 급했다. 메릴리는 완벽한 『나부코』의 대본을 마련하여 베르디의 집, 책상 위에 슬그머니 두고 왔다.

베르디가 어느 날 낯선 대본을 펼쳐보다가 눈에 번쩍 띄는 구절을 발견했다. 전체 내용은 구약성서 열왕기 하편에 나오는 것으로 바벨론의 느부갓네살 왕에게 잡혀간 유대인들이 핍박 속에서도 좌절하지 않고 성실하게 사는 이야기였다. 그 속에서 조국을 그리며 자유를 구가하는 가사에 빠져들어 자신도 모르는 사이에 멜로디를 붙여 나가게 되었던 것이다.

슬픔에 빠졌던 베르디에게도 그야말로 금빛 날개를 달아준 것이 "날아라 생각이여 금빛 날개를 타고"로 시작되는 히브리노예들의 합창이었다.

> 날아라 생각이여 금빛 날개를 타고
> 비탈과 언덕에서 날개를 접어라
> 그곳은 부드럽고 온화한 공기
> 조국의 공기가 향긋한 곳
> 맞이하라 요르단 강둑과 무너진 탑
> … 하략 …

나는 이 음악을 들으면 영적 감동이 물큰한 영화〈벤허〉의 노예선 장면이 떠오른다. 웃통을 벗은 노예들이 북소리장단에 맞춰 노를 저어 거대한 함대를 움직인다. 다른 노예들은 지쳐 쓰러지지만 벤허의 눈은 더욱 빛나기만 했다. 암담한 현실에서 미래는 짐작할 수도 없어 과연 출구는 있을까 걱정하던 중 해적들의 습격을 받은 노예선은 침몰되고 벤허는 사령관을 구해서 마침내 노예에서 풀려나는 영화 반전의 실마리가 되었다.

어둠 신음 고통 속에서도 자유, 힘찬 생명력이 굽이쳐 흐르는 듯하던 장면. 이런 동적인 활력과 역동성이 베르디의 예술가적 생명력에도 깊숙이 닿아 있었지 않았을까.

이 노래부터 작곡한 베르디는 장대한 오페라『나부코』를 완성, 라 스칼라 극장의 초연에서 열화 같은 환호를 받았다. 당시 북부 이탈리아는 오스트리아의 지배 아래 있어서 독립운동의 기운이 높은 때였는데 나부코는 그 열기를 확산시켰다. 일반시민들도 포로 유대인들과 자신들을 같은 처지로 여기고 노예들의 합창을 국가처럼 부르며 독립의 희망을 갖게 됐던 것이다.

베르디는 초기의 애국적인 작품 외에도『운명의 힘』『리골레토』『춘희』『아이다』등 불후의 명작들을 썼다. 독립운동의 공로로 국회의원에 추대되기도 했으나 1년 만에 자퇴하고 작곡에 전념하여 79세에 쓴『팔스타프』도 극찬을 받았다. 그 이후에도 성가 등 종교음악을 썼다니 나이 든 세대에게도 의욕을 줄 만하다.

365일, 지구 상 어디에서고 그의 오페라가 상연될 정도로 사랑받는 베르디. 최근 TV에서 이 음악이 배경음악으로 사용된 L건설의

CF를 보면서 그 회사뿐만 아니라 부진한 우리네 건설이 활성화됐으면 좋겠다는 생각이 든다.

  나는 나나 무스쿠리의 음반을 사 들고나오며 발걸음이 가뿐하지가 않다. 침체해 있는 우리 현실에서 금빛 날개를 태워줄 분은 누구인가.

(2001.)

해 질 무렵

TV드라마를 보고 있다. 어린이들이 놀이터에서 노는 장면에 모차르트의 디베르티멘토 선율이 깔린다. 모차르트의 음악을 들으면 어린 시절 그의 사진처럼 밝고 화평한 삶의 주인공일 거로 여겨진다. 그의 실내악은 대개 즐거운 자리에 어울린다. 더욱이 밝고 그윽한 실내악을 들으면 우아한 파티에 참석한 것처럼 자세를 반듯이 하게 된다. 샹들리에 불빛이 휘황한 파티장에서 기품 있고 유연한 매너로 반가운 이들과 얘기를 나누는 듯한 착각에 빠지기도 한다. 그의 음악은 장중하거나 격렬하지 않아 이렇듯 아늑한 분위기의 상상을 불러일으킨다.

그중에도 그의 클라리넷 5중주는 특히 우아하다. 클라리넷 5중주는 두 대의 바이올린과 첼로, 비올라로 구성된 현악 4중주가 따뜻하게 주고받는 1악장 알레그로는 다채롭고 감미롭다. 2악장 라르게토의 깊고 아름다운 서정은 어떤 애수가 깔리는 것을 느끼게 된다. 2악장을 들으면 여름방학 때 시골에 있는 친척집에 갔을 때가 생각난다. 한낮엔 도회지에서 못 해본 놀이에 몰두해서 시간 가는 줄 모르게 즐거웠다. 개울물에 오징어다리를 담그면 어느새 돌 틈에서 기어 나오는 가재 잡이, 잠자리채를 들고 들판에 뛰어다니다가 원두막에서 잘 익은 복숭아껍질을 솔솔 벗기며 먹었다. 그 복숭아에서 흘러내리던 단물처럼 달콤한 시간들이었다. 그러나 저녁때 친척댁에 돌아와 무르익은 수밀도水蜜桃 빛깔의 노을이 타오르면 불현듯 집에 가고 싶어졌다. 높은 마루에서 건너편 마을의 저녁밥 짓는 연기가 피어오르는 것을 보노라면 무언지 이름 모를 그리움이 솟구쳐서 눈물이 나곤 했다.

    모차르트의 클라리넷 5중주곡의 2악장을 들으면 그때 일이 연상되고 그때 느끼던 애수 같은 것이 깔린다. 인간 고통의 무게를 깔고 슬픔과 행복과 아쉬움이 짙게 배어 있는 음악, 절제의 힘으로 행복과 슬픔과 그리고 아쉬움을 진하지 않게 밑그림으로 한 듯하다.

    모차르트가 친구인 클라리네티스트 슈타틀러를 위해 작곡해서 일명 슈타틀러 5중주곡으로 불리는 이 음악은 앞서 말한 1, 2악장 외에 춤추고 싶어지는 미뉴에트의 3악장과, 변주의 놀라운 솜씨를 발휘한 라르게토의 4악장으로 되어 있다. 모차르트 연구가인 알프레트 아인슈타인은 4악장 알레그레토에 대해 "실내악 전체를 통틀어 가장 예민한 악장이다. 삶에 대한 작별의 행복감과 슬픔을 뒤섞는 듯, 삶은 얼마나 아름다웠던가. 얼마나 슬펐던가. 얼마나 짧았던가." 하고 찬탄했다. 리하르트 슈트라우스는 이 음악에 대해 "내가 쓴 모든 작품을 합쳐도 이 작품만 못하다."고 했을 정도로 그의 장점으로 꼽히는 깊고 다양한 감정표현이 잘 담겨 있다.

모차르트는 이 음악을 33세에 작곡했다. 세상 떠나기 1년 반 전으로 이름 모를 병에 시달리고 생활도 아주 어려웠을 때였다.

"사랑하는 친구여…. 나의 뻔뻔스러움은 정말 정도에 지나쳤습니다. 다만 나의 사정을 모든 면에서 관찰하고, 당신에 대한 나의 우정과 신뢰를 생각하여 나를 용서해 주시기를 빌 뿐입니다…. 당신이 현재 그다지 필요로 하시지 않는 액수만으로 좋습니다…. 찾아뵙고 말씀드려야 할 일이지만, 류머티즘 같은 아픔으로 머리가 완전히 묶여 있는 것 같아서… 다시 한번, 이번 한 번만 형편 닿는 대로 도와주십시오. 그리고 나를 용서해주십시오."

푸호베르크라는 친구에게 이런 편지를 보내고 여러 번 돈을 꾸었다. 밤새도록 원고를 쓰며 아픈 몸을 혹사했지만 가족의 생활비도 모자랐고 류머티즘 같은 병세를 호소했는데 결국은 이 증세가 모차르트를 죽게 했다고 한다.

나는 극도의 고통 속에서 탄생한 이 음악이 눈물겹도록 아름다움에 의문을 느낀다. 막다른 골목, 극한 상황에서 아름다운 음악이 탄생된 아이러니를 느끼며 떠올린다. 과일은 상하기 직전의 것이 당도가 높고 햇살도 막 넘어가기 전의 햇살이 눈부시다.

눈부신 햇살이 넘어가고 해 질 무렵이면 느껴지는 고요. 행복한 사람이라면 정으로 맺어진 세계 속으로 함께 들어가는 축복의 시간이기도 하다. 아늑해진 지상에서 많은 사람들이 귀한 소원을 빌고 경건한 순간도 누릴 것이다. 석양의 햇살로 눈부시던 도심의 가로수들도 해 질 무렵에는 그림자를 거두고 침묵해서 우리를 안타깝게 한다.

모차르트는 어릴 때 이름 높은 신동으로 가는 곳마다 열광받던 천재였다. 나는 빈에 갔을 때 쇤부른 궁정의 사방이 거울로 둘러싸인 '거울의 방'에서 6살의 모차르트가 요제프1세 앞에서 지휘하는 그림을 보았다. 여러 겹의 거울에 비친 영상처럼 오묘한 그의 음악과 '거울의 방'은 잘 어울린다고 생각했다. 그 방에서 연주를 끝낸 모차르트는 같은 또래의 마리 앙투아네트 공주와 놀면서 "나의 아내가 되어달라."고 했다고 한다.

나는 거울의 방을 나오며 후일 프랑스 루이 16세의 왕비가 된 마리 앙투아네트가 허영과 사치로 38세 때 단두대의 이슬이 된 사실과, 모차르트가 가난 속에서 자신을 혹사하다가 35세의 나이로 숨져 극빈자 장례로 지상에서 사라진 사실을 떠올렸다.

해 질 무렵 석양에 물든 강물은 아름답고 신비하여 환상의 세계로 향하게 한다. 그러나 눈물겹고 위로받고 싶은 시간이기도 하다. 지난날의 어지러운 발자국과 방황의 날개를 접고 깃을 찾는 새처럼 지상에서 사라져간 모차르트의 영혼에 촛불 하나 밝혀주고 싶다.

(2003.)

배려와 느낌의 미학

"콘트라베이스 연주자들은 '음악'이라고 하는 것을 몽땅 어깨에 짊어지고 끊임없이 산 위를 올라가야만 하는 시시포스라고 생각해 볼 수도 있습니다."

이런 명대사를 비롯, 주목받지 못하는 예술가의 고뇌를 그린 파트리크 쥐스킨트의 모노드라마 『콘트라베이스』는 얇은 책인데도 오랫동안 묵직한 감동으로 남아 있다.

이 모노드라마의 마지막 장면에 나오는 음악을 최근에 자주 듣고 있다. 주인공이 마지막 대사를 마치고 나서 슈베르트Schubert, Franz, 1797~1828의 피아노 5중주곡 A장조, 일명 송어 5중주를 소개하고 그 음반을 플레이어에 걸어놓고 무대에서 퇴장한다. 이 음악을 들으면서 책을 읽기 전에는 미처 알아채지 못했던 콘트라베이스 소리를 들을 수 있어서 기쁘다.

콘트라베이스가 전 악장을 통하여 낮은 음악에서 은근하게 받쳐주고 있는 것을 느낄 수 있다. 특히 아름다운 선율의 4악장에는 콘트라베이스의 당당한 독주도 있다. 경쾌한 가곡「송어」 선율의 변주를 세 악기가 펼치는데 먼저 바이올린이 연주하고 비올라, 첼로 그리고 이어서 콘트라베이스가 주제를 실은 변주를 펼치면서 "나도 당당하게 독주를 할 수 있다."는 듯이 뽐내는 것을 확인할 수 있다.

슈베르트가 바리톤 가수 포글의 고향 슈타이어로 피서를 갔을 때 탄생한 피아노 5중주곡은 젊음이 약동하는 듯하다. 알프스의 아름다운 풍광 속에서 행복한 나날을 보내고 있던 슈베르트는 그 지방의 음악애호가인 광산재벌 파움가르트너를 만났는데 그는 현악기를 연주하는 아마추어 연주가였다. 그는 슈베르트에게 2년 전에 작곡한 가곡「송어」를 주제로 하여 동료 5인이 연주할 수 있는 실내악을 작곡해 달라고 했다.

슈베르트는 슈타이어에서의 생활이 즐거웠던 만큼 싱그럽고 생기발랄한 시정의 스케치를 그곳에서 만든 후 완성은 빈에 돌아와서 할 수 있었다. 이 음악이 피아노 5중주곡인데 대개의 피아노 5중주곡은 제1, 2바이올린과 비올라, 첼로에 피아노가 곁들여진다. 그런데 이 음악은 제2바이올린 대신에 콘트라베이스가 편성되어 있다. 파움가르트너의 동료 중에 콘트라베이스 연주자가 있었지 않았나 짐작해보며, 전체의 상쾌한 분위기에 콘트라베이스가 묵직하게 받쳐줘서 음악이 한결 돋보인다.

남자배우가, 콘트라베이스라는 악기가 오케스트라에서 중요한 존재이면서 제대로 인정받지 못하는 것에 대해 절망하고, 소프라노 여인을 짝사랑하면서 이뤄지기 어려움에 안타까워하는 『콘트라베이스』를 읽기 전에는 그 악기를 다른 악기 밑에서 깔아주는 미미한 존재로만 알아왔었다. 그런데 이 책을 읽고서 비로소 콘트라베이스가 음악을 돋보이게 하고 무게를 실어주고 있음을 알게 되었다.

작년(2006)에 세계적인 슈테르거콩쿠르에서 우승한 성민재(종합예술학교 예비학교 2학년) 군과 아버지도 TV인터뷰에서 콘트라베이스에 대한 그릇된 인식을 정정하게 해주었다. 역시 콘트라베이스 연주자인 성영석 씨는 "힘이 많이 들어가고 어려운 악기이면서 대중들이 별로 인정해주지 않지만 아들을 훌륭한 연주자로 만들려고 어려서부터 하루 6시간씩 연습을 시켜 왔다."고 했고 이어서, 인성이 음악에 반영되는 만큼 어린 시절의 인성교육을 중요하게 생각하여 줄리아드 예비음악학교의 입학허가서도 받았지만 부모 밑에서 공부하게 한다고 했다. 아들 민재 군도 '콘트라베이스를 깔아주는 악기로만 아는데 폭넓은 음역을 가진 인간적인 악기'라고 하며 「모세 판타지」를 멋지게 연주하던 장면이 생각난다.

"그냥 듣기에는 오케스트라에서 플루트나 트럼펫이 더 큰 소리를 내는 것처럼 느껴지지만, 저음의 진동력이 있어서 소리가 퍼지는 범위가 넓고 무게가 있다는 것을 들으면서 점점 느낄 수 있게 된다."라는 모노드라마 주인공의 대사가 아니더라도 이제는 그 존재의 중요함을 얼마쯤은 인식하게 되었다.

음악, 악기의 비중에서만이 아니라 우리의 통념이란 것이 얼마나

무모한 것인가에 생각이 미친다. 일차적으로 눈에 띄고 귀에 들려오는 것만 인식하고 두드러지지 않는 것을 무시하고 소외시키는 경우는 얼마나 많은가. 아무것도 없는 것에서 마음의 눈과 귀를 열고 자신을 만나는 경지에는 이르지 못할지라도 작은 존재에 대한 배려와 존중, 그리고 편견으로 인해 소외시켰던 것들에 대한 배려와 느낌의 미학이 강조되어야 할 세태이다.

 콘트라베이스 연주자가 아니더라도 인간의 삶은 어차피 '짐을 무겁게 어깨에 짊어지고 산 위를 올라가야만 하는 시시포스'가 아니던가.

(2007.)

3월의 바람처럼
– 생상스의 첼로 협주곡 a단조 작품33

    생상스의 첼로 협주곡 1악장 첫머리는 힘차게 시작되어 율동적이고 리드미컬하게 계속된다. 활력으로 긴장감을 주는 1악장과 달리 2악장은 현과 목관의 피치카토가 상쾌하다. 얼었던 냇물이 풀려서 작은 돌 사이로 퐁퐁 물방울을 튕기며 흐르는 듯하고, 뽀얀 솜털의 버들강아지처럼 설레게 하는 첼로독주. 겨울을 무사히 보냈다는 안도의 숨결처럼 친근하고 따뜻하게 다가온다. 생상스Charles Camille Saint-Saëns, 1835~1921의 지휘로 열두 살의 천재 첼리스트 카잘스가 작곡의 도를 잘 살려 연주해내자 생상스는 너무도 감격하여 그를 얼싸안았다고 한다. 그때 생상스는 카잘스에게 '베토벤의 전원교향곡에서 영감을 얻었다'고 했다는데 그 말이 생각날 만큼 이른 봄의 전원이 연상되기도 한다.

    햇빛이 닿아 윤슬로 반짝이는 강가에 버들가지가 치렁하다. 회색빛으로 깊어졌던 겨울 강물에 초록이 비쳐들어 손을 넣어보면 부드러운 감촉일 듯한 3월. 봄날의 햇빛은 얼어붙었던 가지를 쓰다듬어

새움을 틔우고 멀리했던 새들도 날아오게 한다. 땅속에서도 오랜 침묵 끝에 차가운 지각을 뚫고 솟아오를 새싹을 위하여 버들피리라도 불어주고 싶다. 봄을 맞이하는 마음은 이렇듯 설렌다.

생상스는 일생을 결핵으로 시달렸으나 비교적 쾌활하고 유머를 즐기는 성격에 열정도 있었다. 새로운 것을 피어나게 하는 3월의 바람처럼 변화를 꿈꾸며 모색하고 국내외로 자주 여행하며 소중한 작품의 싹을 틔웠다. 그도 이맘때면 기차여행으로 적당한 속도감을 즐기면서 햇무리가 포근한 들판을 바라보며 식물의 싹틈과 원기를 느끼지 않았을까.

무엇을 찾아 떠나려 했는가. 화려한 꿈을 좇아서 큰 기대를 안고, 아니면 무미한 일상에 한순간의 반짝임을 만나기 위해서 지평선 어딘가에서 피어오를 무지개를 만나려고 가벼운 마음으로 떠났을까. 걸작을 써야 하는 예술가로서의 부담에서 벗어나, 생명과 꿈을 펼쳐주는 들판을 보며 작곡한 듯한 첼로 협주곡. 이 음악 전체를 지배하는 밝고 경쾌한 색조가 어두운 마음을 몰아낸다.

세 살도 되기 전에 피아노 연주에 비범한 능력을 보이고 세 살 때 작곡을 했다는 생상스는 11살에 처음 피아노리사이틀을 가져 프랑스 음악계의 촉망을 받았다. 명석한 두뇌로 다른 방면에도 관심을 가져 일곱 살에는 라틴어를 해독했고 과학과 식물학에도 관심을 보였다. 무엇에든 뜻을 두고 시작하면 쉽게 습득하는 무진장한 능력이 있어서 여러 분야에 심취하며 수학, 고고학, 철학, 천문학, 그리고 문학에도 조예가 깊었다. 시집도 펴냈고 수필, 희곡도 썼는가 하면 음악평론의 저술도 있고 수채화도 그렸다.

그러나 여러 분야를 섭렵했지만 음악만은 끝까지 지키며 많은 작품을 남겨주어 고마운 생각이 든다. 어디서 누구를 만났던가에 따라 차원 높은 빛깔의 싹을 틔워 만족스러움의 극치를 이루지 않았을까. 그래서 음악가로서의 자신이야말로 존재를 이루는 가치 있는 삶이라고 터득했으리라.

오르간 연주도 뛰어나서 20여 년 파리 마들렌 교회의 오르간 연주자였던 그는 오르간과 두 대의 피아노를 사용하여 작곡한 교향곡 3번으로 파리 음악계의 큰 호응을 얻었다. 이 교향곡은 리스트를 추모하면서 헌정한 작품인데 오르간의 아름다움과 멋의 극치를 이룬 작품이다. 일명 오르간 교향곡으로 불리는 장쾌한 음악으로 오늘날에도 큰 사랑을 받고 있다. 26세 때부터 니데르메이르 종교음악학교의 피아노 교수로 있으면서 포레Gabriel Urbain Faure, 1845~1924와 같은 유능한 제자를 육성했다. 그에게는 프랑스음악부흥의 선구자라는 이름이 따라다닌다. 36세에 프랑스-프로이센 전쟁 후 상처 입은 프랑스 국민들의 사기를 높이기 위해 젊은 음악가들을 모아 국민음악협회를 결성하는 데 앞장섰다. 이 협회에서는 프랑스의 새로운 음악 진흥에 전력을 기울였다. 협회 목적 중의 하나로 젊은 세대 음악가들의 중요한 관현악 작품과 음악 등을 연주하게 하는 촉진제 역할을 하고 그들의 작품을 널리 알렸는데 당시 30대 중반이었던 생상스도 교향시『죽음의 무도』등과『첼로 협주곡 1번』을 썼다. 생애 후반에 첼로 협주곡 두 곡을 작곡했지만 1번만이 오늘날까지 사랑받고 있다. 14편의 오페라와 8편의 극음악 등 활발한 작곡활동을 했는데 오페라『삼손과 데릴라』는 어느 작곡가의 것보다 사랑받는 작품이다.

   생상스는 독일의 고전파와 낭만파의 음악을 잘 이해하고 풍부한 음악성으로 밝고 아름다운 구성을 이루며, 고전주의적인 우아한 균형과 세련미를 갖추고 있다. 로망롤랑은 그의 음악에 대하여 "생상스의 예술은 라틴적이며 명랑하다. 정밀하고 간소하게 표현되어 극히 우아하다. 부드러운 화성, 흐르는 듯한 조바꿈, 넘쳐흐르는 청춘의 희열은 어디까지나 글룩, 모차르트 등의 고전을 기초로 한 창조로 선구자로서의 프랑크, 생상스를 거쳐 인상주의적인 세대의 등장을 기다릴 수밖에 없다."고 평가했다. 피아니스트로서의 생상스에 대해서는 바그너가 '화려한 기교의 소유자'라고 칭찬을 아끼지 않았다고 한다. 독일, 이탈리아 음악만이 지배하던 유럽음악계에 프랑스의 음악을 알리려고 힘쓴 생상스는 자작 피아노곡과 교향시들을 유럽 여러 나라로 여행하며 연주하고 지휘했다.

   45세 이후에도 극음악과 기악음악분야에서 많은 작품을 작곡했고 소규모 악단을 위한 모음곡『동물의 사육제』는 오스트리아의 소도시 쿠르딤에서 사육제 기간을 보내면서 마지막 날 연주용으로 써준 것인데 여러 동물의 생태를 유머러스하게 묘사한 곡이다.

   연주여행 외에도 삶을 충전하고, 목표 없이 자유를 취하며 몇 걸음

물러서서 자신을 바라보려 했을 생상스. 멀리 지평선을 바라보며 자신의 영혼에 한 줄기 빛을 뚫고 오는 그 눈부심을 발견하고 음악 속에 오색 무지개를 그려보려고 했을까.

86세에 알제리아를 여행하다가 객사한 그, 생전의 생상스처럼 영혼은 살아서 답사하지 못한 곳을 바람처럼 떠돌며 어떤 싹을 틔울는지.

(2009.)

봄날 달밤에 그리운 과거를 회상하듯이
– 쇼팽의 피아노 협주곡 1번 e단조 작품11

쇼팽의 피아노 협주곡 1번의 주제 부분을 듣고 있노라면 유리 수반에서 키운 미나리처럼 투명한 그의 첫사랑이 느껴진다. 상큼하고 여리면서도 아삭하고 씹힐 듯한 순수.

스무 살 때, 넓은 예술세계에서 활동하려고 폴란드를 떠나기로 한 쇼팽Chopin, Frédéric François, 1810~1849은 고별연주회에서 자신이 사랑의 환상에 빠져서 작곡한 피아노 협주곡 1번을 연주했다. 바르샤바 음악원 동창인 미모의 소프라노 콘스탄치아 글라드코프스카를 남몰래 사랑해왔으나 고백할 자신이 없어 뜨거운 마음을 다스리며 담담하게 혹은 애처롭게 호소하는 그의 투명한 소리가 가슴에 깊이 스민다.

발랄한 청춘, 화려한 기쁨과 깊은 몽상에도 젖어 있는 듯한 제1악장. 제2악장은 작곡자가 "아름다운 봄날 달밤에 그리운 과거를 회상하듯이"라고 써넣었듯이 로맨틱하면서 조용하고 다소 쓸쓸함이 배어 있다. 발랄하고 우아한 론도의 마지막 악장은 반짝이는 아름다움으로 지속되다가 경쾌하게 마친다.

혼자서 흠모하지만 말고 속 시원하게 고백하면 콘스탄치아가 받아줄 수도 있었을 텐데, 한편으로 자신이 계획한 진로가 바뀔 수 있다는 데 부담이 느껴졌던가. "마음속에 이상적인 여성으로 자리 잡고 매일 밤 꿈에 보는데 불행으로 끝날까 봐 고백을 못 한다."고 친구 티투스에게 편지를 보냈던 쇼팽이다. 고민하고 갈등하던 그는 그녀가 안 보이는 먼 곳으로 가면 잊어지겠지 짐작했다.

그는 고별연주회에 마음속의 연인 콘스탄치아가 자신의 피아노 협주곡 1번을 꼭 와서 들어주면 좋겠다고 기도했다. 과연 초청에 응한 콘스탄치아는 특별출연으로 롯시니의 오페라『호수 위의 미녀』중 「카바티나」를 노래해서 분위기를 돋우었다. 연주회의 앞자리에서 빛난 얼굴로 앉아있는 그녀 앞에서 연주하는 쇼팽은 얼마나 떨렸을까. 그 곡은 자신의 콘스탄치아에 대한 마음을 담은 음악이었으니.

바르샤바를 떠나는 쇼팽에게 친구들은 '폴란드를 영원히 기억하라'는 뜻으로 폴란드의 흙이 담긴 커다란 은배銀杯를 주었으며 쇼팽의 속마음을 모르는 콘스탄치아는 그에게 이별의 선물로 리본을 주었다. 콘스탄치아는 그 음악회가 자신과의 고별을 위한 것인 줄도 몰랐고, 쇼팽 또한 그것이 조국에서의 마지막 콘서트가 될 줄은 몰랐다. 또한 객지에서 피아노 협주곡을 다시는 쓰지 못할 줄도 몰랐으니.

쇼팽이 티투스와 함께 조국을 떠난 일주일 후 폴란드에는 혁명이 일어나, 친구는 쇼팽에게 '폴란드 음악의 아름다움을 세상에 높이 알

림으로써 조국을 위해 예술로써 싸워야 할 것'을 부탁하고 조국으로 서둘러 돌아가 버렸다. 쇼팽의 몸이 약한 것을 염려한 그의 부친은 폴란드에 돌아오면 군인이 되어야 하기에, 오지 말고 훌륭한 음악가가 되어 조국의 이름을 빛나게 하라고 간곡한 권유의 편지를 보냈다.

쇼팽이 독일의 슈투트가르트에 도착했을 때 바르샤바가 러시아군에 함락되었다는 비보를 듣는다. 미나리꽝을 떠나 유리 수반에 연한 뿌리를 내린 미나리처럼 약한 몸으로 열악한 환경 속에 혼자 남은 쇼팽. 몸은 비록 타국에 있어도 언제나 조국, 폴란드를 잊은 일이 없었다. 유명한 「혁명의 에튀드」는 바르샤바가 함락되었다는 소식에 가슴을 치며 작곡한 곡이다.

큰 세계를 향해 떠나왔으나 나라를 잃고 파리로 진출, 망명객이 된 쇼팽은 어려서부터 피아노에 천부적인 재질이 있었기에 자신이 작곡한 피아노 음악만으로도 살롱에 온 귀족이나 부호들을 즐겁게 할 수 있었다. 감상적이고 로맨틱한 정서, 우아하고 세련된 왈츠와 발라드, 녹턴으로 절대적인 인기를 얻었다. 그러나 자신에게 찾아드는 공허함, 숙명에 대한 두려움, 폴란드 사람으로서의 애국정신을 마주르카, 폴로네즈에 담았다. 폴란드의 대표적인 민족무곡으로 기사처럼 위풍당당한 폴로네즈, 폴란드 농민의 흙냄새가 풍기는 간소한 마주르카, 그리고 폴란드의 시인 미키비예비치의 시에서 힌트를 얻어 작곡한 발라드 등 폴란드적인 많은 곡을 작곡했다. 그의 즉흥곡, 에튀드, 프렐류드, 스케르초 등 독창적이고 정열을 담은 예술성 높은 작품들도 낭만주의 시대를 빛낸 음악들이다.

쇼팽은 문학적인 소질과 섬세한 감성으로 사랑과 우수에 찬 음악, 감상적이고 섬약한 음악만을 남길 수 있었을는지도 모른다. 그러나 그는 조국 사랑이라는 굳센 뿌리가 있었기에 자신의 작품에 민족적인 정기를 담아 고통 속에 빠진 이들에게 사기를 높여주려고 했던 것 같다. 수반에 뿌리를 둔 미나리 같은 약함만을 지닌 것은 아니었다.

스무 살도 안 된 나이에 쓴 피아노 협주곡 1번의 2악장에 '봄날 달밤에 그리운 과거를 회상하듯이'라고 써 넣을 만큼 우수가 밴 것을 보면 외국에서 보낼 반생을 예감했을까. 달밤, 떠나온 조국을 사무치게 그리워하며 순수했던 어린 날을 회상했을 그의 모습을 떠올리게 된다.

병약하여 소모되어가는 삶 속에서도 조국 폴란드의 독립을 꿈꾸면서 고향에서 가져온 흙냄새를 맡다가 39살에 숨진 쇼팽, 연약해 보이는 그의 음악에서 희열을 느끼고 힘껏 밀어붙이는 에너지를 받아 도전하는 힘을 받은 폴란드의 청년들도 있었으리라.

그의 몸은 숨진 파리에 묻혔으나 심장은 조국에 가고 싶다는 유언대로 바르샤바의 성 십자가 성당에 안치되어 있다. 탄생 2백 주년이었던 2009년을 폴란드에서는 '쇼팽의 해'로 하고 다양한 행사로 음악사에 남긴 그의 창의력과 가치 등을 기렸다니 그의 심장도 다시금 한번 힘차게 뛰었을까.

(2010.)

4

은밀한 언어
– 쇼팽의 「빗방울 전주곡」, D^b장조

포실포실한 눈발을 피해 버스정류장 좁은 지붕 밑에 들어섰다. 더딘 배차시간을 야속하게 생각하며 버스가 오는 쪽을 바라보는데 밝은 합창 소리가 들려온다. 근처 여학교에서 들려오는 합창 소리를 아쉽게 뒤로하고 버스에 올라 쇼팽이, 스승이 작곡한 합창을 들려주던 때의 기분을 짐작해 본다.

쇼팽Chopin, Frederic Francois, 1810~1849은 20세에, 음악적인 시야를 넓히려고 러시아가 침공의 기회를 노리는 폴란드를 떠나기로 결심했다. 출발하기에 앞서, 그가 고향 젤라조바 볼라를 방문했을 때 멀리서 합창이 들려왔다. 바르샤바 음악원 설립자로 쇼팽에게 고정된 틀에 얽매이지 않고 천재성을 발휘하는 작곡가가 될 수 있게 지도해준 엘스너 교수가 멀리 떠나는 제자의 장도를 축복하려고 작곡한 칸타타였다. 쇼팽은 스승의 성공을 기원하는 마음이 담긴 고별송을 들으며 꼭 성공하리라고 주먹을 불끈 쥐었을 것이다.

'폴란드를 잊지 말라'고 친구들이 준 은잔에 담은 고향의 흙을 가방에 넣은 쇼팽이 가슴엔 스승의 축원을 담고 먼저 향한 곳이 오스트리아의 빈이었다. 그러나 일주일 후 바르샤바에 혁명이 일어나서 동행한 친구는 조국을 구하려고 급히 귀국했다. 쇼팽은 몸이 약해서 군인이 될 수 없으니 음악으로 조국을 위해 헌신하라는 부친의 당부를 생각하며 지내던 중 조국이 러시아군에 함락되었다는 소식에 절망한다. 게다가 오스트리아 역시 폴란드와 적대관계가 되어 파리를 러시아의 침공으로부터 벗어날 보루로 생각한 쇼팽은 그곳에 정착했다. 작곡과 개인교수, 살롱연주를 하며 음악가 멘델스존, 리스트, 힐러 등의 따뜻한 도움을 받고, 각 분야의 예술가들과 교류하며 낭만주의 사조의 영향을 받은 작품들을 쓸 수 있었다.

1836년, 쇼팽에게 리스트는 파리문단의 남장 여인 조르쥬 상드를 소개했다. 쇼팽보다 6년 연상이며 활동적인 상드는 모성본능으로 쇠약한 쇼팽을 돌봐주어 9년 동안이나 작곡에 전념할 수 있게 했다. 그들은 만난 지 몇 달 후 폐결핵이 악화된 쇼팽의 요양을 위해 스페인의 마요르카 섬에 갔으나 환자에게 집을 빌려주지 않아 산 중턱의 낡은 발데모사 수도원에 머물렀다. 황량한 환경에서 쇼팽은 뒤늦게 도착한 피아노를 치며 작곡을 열심히 했다. 그곳에서 쓴 24개의 전주곡(작품번호 28) 중 제15번 「빗방울 전주곡」은 많이 알려진 수작이다.

낡은 수도원에서 비 오는 날 혼자서 피아노를 치고 있던 쇼팽은 낙숫물 떨어지는 소리를 듣는다. 기분도 우울하게 젖어서 돌아오지 않는 가족을 기다리던 그에게 어떤 은밀한 언어가 속삭였을까. 고국을 떠나올 때 합창으로 성공을 기원해줬던 스승과 친구들의 우정, 자식의 성공을 기대하며 잡아준 부모님의 따뜻한 손이 떠올라 영감이 솟구쳤을까. 그가 즉흥적으로 연주에 열중하여 순수한 망아忘我의 경지에 이르러 슬픔을 화평으로 승화시켜 작곡한 것이 전주곡 중에서 가장 많이 연주되는 제15번 「빗방울 전주곡」이다.

조르쥬 상드는 그의 자서전 『나의 생애』에서, 혼자 있는 쇼팽이 걱정되어 과속으로 위험한 빗길을 달려 집에 왔는데 쇼팽은 가족이 들어서는 것도 모른 채 새로 작곡한 전주곡을 치고 있었다고 했다. 오른손의 선율은 평온한 외로움으로 시작하여 가족이 빗속에서 고생하는 환상에 사로잡혀 어두운 화성과 격렬한 가락으로 바뀐다. 그러다가 연약한 몸부림에서 벗어나 이내 고음으로 호소하더니, 어느새 고통에서 평온했던 시작 부분으로 회복되어 마무리된다. 왼손으로 시종 반복하는 음울한 소리가 빗방울 소리 같아서 「빗방울 전주곡」으로 불리는 이 음악은 애상적인 쇼팽 특유의 아름다운 선율이다.

피아니스트 반 클라이번의 "그의 음악은 나이나 시간, 장소를 초월해 누구에게나 감흥을 준다. 그는 따뜻한 가슴으로 사물을 대하기 때문에 이 세상 그 누구와도 대화를 할 수 있다."는 말처럼 신선하고 풍부한 화성과 아름다운 선율, 서정적인 독주곡으로 누구에게나 친근한 감성으로 다가온다. 쇼팽을 '피아노의 시인'으로 부르는 말이 짤막한 「빗방울 전주곡」 한 곡만 듣고도 수긍이 갈 것이라고 생각하며, 눈발이 녹아 버스 창에 흐르는 것을 보니 봄비처럼 여겨진다.

망명객으로서 잃어버린 조국에 돌아갈 수 있는 날을 기다리고, 우울한 시간에 연인이 돌아오기를 기다리던 쇼팽은 아니더라도, 우리 생애는 애절한 기다림의 연속인지도 모른다. 좌절에서 희망을, 상처 입은 상태에서 회복될 날을. 어둡고 추운 겨울, 단순히 봄을 기다리는 버스 승객들의 더운 입김으로도 유리창의 차가운 눈발이 녹아 흐르는 것을 본다.

발길을 내딛을 수 없는 비의 세상에 갇힌다 해도 젖은 마음으로 침몰하지 않고 배경으로 삼아 은밀한 속삭임을 느낄 수 있다면 「빗방울 전주곡」 같은 명곡을 탄생시킬 수 있지 않은가. '따뜻한 가슴으로 사물을 대하기 때문에 이 세상 그 누구와도 대화를 할 수 있다'는 쇼팽의 따뜻한 마음을 느끼기 위해 집에 어서 돌아가 「빗방울 전주곡」을 듣고 싶어진다.

격정이 휘몰아친 가슴에 영감이 일어 슬픔을 녹이듯이 눈보라가 분분하게 지나간 유리창에 얇은 비단 같은 물기가 감겨든다. 신비스러운 싹을 피워 올릴 봄비도 머지않았나 보다.

(2011.)

차가운 빗방울과 단비

– 슈베르트의 즉흥곡 A♭장조(작품 90, D.899)의 No.4

낭만주의 음악가 슈베르트Schubert, Franz Peter, 1797~1828는 샘물처럼 솟아나는 악상으로 전통적인 형식에 얽매이지 않고 작품을 쉽게 써낼 수 있었다. 소박한 감동과 다정한 서정으로 노래했는데도 변화하는 독특한 화성이 받침이 되어 아름답기 그지없다. 31년의 짧은 생애에도 그는 가곡 6백여 곡과 미사곡, 합창곡, 중창곡 등 성악곡을 남긴 사실은 많이 알려져 있다. 그리고 9개의 교향곡과 현악 4중주곡도 15곡이나 되어 놀라운데, 피아노를 정식으로 배운 일이 없고 돌아가기 1년 전까지 자기 소유의 피아노가 없었던 슈베르트가 100여 곡의 피아노곡을 남겨서 경이롭다. 서정의 친밀한 감각으로 소박하면서도 아름다운 피아노 작품들이다. 그 마지막을 장식하는 것이 즉흥곡집 「작품90」「작품142」(각 4곡으로 이뤄진 앨범)로 내면에서 용솟음치는 풍부한 내용을 자유롭게 발산, 슈베르트의 진가가 찬란하게 드러나는 작품이다. 그중 「작품90」의 제4번은 스케르초와 트리오로 어우러져 있는 경쾌한 곡이어서 사랑받는다.

숨은 별 찾아내기

슈베르트의 가곡은 가사가 의미하는 내용을 멜로디와 반주까지 화합하여 적절하게 표현해주고, 음악과 가사가 일치되는 예술성 때문에 높은 평가를 받는다. 그런데 피아노곡인 이 음악을 들으면서도 가사를 붙여서 노래를 부르고 싶을 만큼 주제가 아름답다.

어느 날 사막을 걸어온 듯 목마른 기분으로 귀가해서 라디오를 켰을 때 즉흥곡 90의 제4번이 울려나왔다. 익히 들어온 '송알송알 싸리잎에 은구슬, 조롱조롱 거미줄에 옥구슬'처럼 청량하고 예쁜 빗방울이 생각나고, 상쾌한 생수를 들이켠 듯 빗줄기가 몸과 마음의 갈증을 해소시켜 주는 것 같았다. 얼마 후 동네 도서관에서 보게 된 책에서 인상적인 내용을 발견하였다. 피아니스트 이현순 님이 쓴 「슈베르트 즉흥곡에서 만난 하나님」(2014. 예솔 발행)에서 이 곡을 '여름비 합주곡'이라 하고 "모든 만물이 여름비 소리에 맞춰 합주를 하는 것처럼 들린다. 그 속에는 하나님의 음성이 있다."고 하여 공감을 했었다.

그러던 어느 날 컴퓨터에서 20세기 전설의 피아니스트 호로비츠 Vladimir Horowitz, 1904~1989가 이 음악을 연주하는 동영상을 보게 될 줄이야. 과연 고도의 예술성과 개성의 소유자인 호로비츠의 연주는 경쾌하기만 한 연주가 아닌 새로운 경지를 체험하게 했다. 그때까지 들어온 다른 이들의 연주와 차별화되어 첫머리의 빗방울 소리부터 고도의 창의적인 연주임을 알아챘다. 이현순 님의 여름비 합주곡이라는 느낌에 공감했던 나는 호로비츠의 연주에서는 정정이 필요했다. 빗방울이 요란하게 굴러 떨어져버리는 것이 아니었다. 주요한의 시 「빗소리」에서 '몰래 지껄이는 병아리같이/ 다정한 손님같이 비가 옵니다.'처럼 나직하게 속삭이듯 스며들어서 벗은 나무에 생명을 품어 싹이 돋게 하고, 꽃을 피워 열매를 기약하는 생명의 소리로 다가오는 것이었다. 듣기에 포근하고 쉽게 친해지면서 가슴 깊은 곳에서 충만한 기쁨이 느껴졌다. 꿈의 길, 이상의 길로 안내하는 빗소리 같기도 하고 마른 골짜기를 조용히 채워주는 듯하였다. 트로이 부분의 비장한 아름다움은 우리 모두가 지나야 할 통과의례를 일깨워주고 해결점인 듯 끝을 맺는, 7분 정도의 음악이지만 평생을 다하여 가까이 두고 싶은 음악이었다.

  연주가들은 악보에서 음악의 본질적인 내용과 그 숨겨진 의미를 찾아, 듣는 이들에게 깊은 음악적 감동으로 전해야 하는 사명을 가졌다고 생각된다. 자신의 연주로 재창조해서 작곡가가 추구한 예술적 가치를 사람들에게 전달하는 아주 중요한 역할을 담당하는 것이다.

  호로비츠야말로 연주의 거장으로서 풍요로움과 인간미가 느껴지는 연주를 들려주었다. 음악가들이 전하려는 메시지가 인간에 대한 사랑과 평화임을 알아채게 한다. 호로비츠는 우크라이나 태생으로 스위스에 살면서 명지휘자 토스카니니의 딸과 결혼하여 1940년에는 미국으로 이주하였다. 만년에 가진 모국 러시아에서의 리사이틀 때 청중의 눈물을 자아낼 만큼 감명을 주었다고 한다. 폭넓은 다이내믹스와 음색의 풍부함, 표현어법의 면밀함으로 호로비츠를 최후의 낭만파 피아니스트라고 부른다.

숨은 별 찾아내기

어떤 때는 비 내리는 산에서 바라보는 세상이 안개 덮인 것처럼 아득할 때가 있다. 그러다가 뜻밖의 우연으로 운명적인 순간을 맛보게 되지 않을까 하는 아름다운 기대감도 갖게 된다. 슈베르트가 가난하여 친구 집에 머무르며 작곡할 오선지가 없을 때도 그런 기대를 하지 않았을까. 31세라는 짧은 인생을 살았는데 친구와 친지들의 이해와 도움을 받으며 가난 속에서 살다가, 못다 한 희망의 꿈을 안은 채 급격하게 엄습해온 병으로 타계했다.

어렸을 때 초보단계의 음악교육밖에 받지 못한 채로 작곡을 시작하여 누구보다도 많은 음악을 작곡, 낭만주의 음악에 큰 흐름을 주도했던 슈베르트. 작곡 초기에는 여러 선배들의 작품을 모범으로 삼았고, 자신이 느낀 영감의 반짝임에 따라 기쁨과 슬픔의 감정을 음악 속으로 끌어들여 유려한 가락으로 노래하기 시작했던 것이다.

피아노 소품집에 해당하는 즉흥곡은 슈베르트의 유명가곡에 비해 덜 알려져 있지만, 피아노 소품들도 시詩가 피아노곡으로 환생한 것이라는 평가를 받을 만큼 애호가가 많다.

가난한 세월의 어두움, 밝은 미래를 기다리는 초조함, 외롭고 고달파 흘린 눈물을 씻겨줄 빗방울 소리 같은 제4번을 작곡하고 나서 어떤 자유로움을 느꼈을까. 소박하고 초라한 생애였지만 재능을 발휘한 값진 음악들로 후세인들에게 찬란한 미래를 열어가기를 가능케 한 슈베르트. 세월이 흘러도 밝고 오염되지 않은 빗소리에 마음을 축이고 싶어 이 즉흥곡을 듣는다.

(2015. 여름)

노란 복수초처럼
– 모차르트의 피아노 소나타 11번 A장조

    이른 봄, 산속 나무 그늘이나 눈이 반쯤 녹은 낙엽더미 사이에서 노란 복수초福壽草 꽃이 연약한 고개를 들고 있을 것이다.
    모차르트Wolfgang Amadeus Mozart, 1756~1791가 22세에 작곡했다는 피아노 소나타 11번을 듣노라면, 등산 갔다가 얼음 속을 헤치고 돋아나 핀 연약한 복수초꽃을 보고 반가웠던 때가 생각난다. 눈과 얼음을 뚫고 피어난다고 하여 눈새기, 얼음새기라고도 하는 복수초. 소나무 가지 사이로 흔들리는 실바람이 새순을 틔우는 힘이 있었나 보다. 여리면서도 싱그러운 꽃송이에서 느껴지는 생동감으로 뭔가 좋은 일이 이루어질 것 같아 설렜었다. 노란색은 봄을 예감하게도 하지만 행운을 가져오는 색이고 복수초의 꽃말은 영원한 사랑, 영원한 행복이기도 하다.
    모차르트는 어렸을 때부터 피아노의 명수여서 자신이 연주할 피아노곡을 많이 작곡했다. 피아노 소나타만 해도 오늘날엔 18곡만 연주되고 있고 음악애호가들에게 호응받기보다는 피아노 연습곡으로 많이 쓰인다. 그러나 11번은 아름답고 전아해서 모차르트 피아노 소나타의 대표라고 할 만하다. 제1악장은 아름다운 주제의 변주가 반복되고 2악장이야말로 젊음이 약동하는 신선한 느낌이 드는 프랑스 스타일의 미뉴에트이다. 특히 3악장은 터키 군악대의 울림을 본뜬 음악으로 이 악장만 단독으로 「터키행진곡」으로 연주되기도 한다. 전체적으로 밝고 화려해서 모차르트가 매우 행복했을 때 쓴 곡으로 짐작하기 쉽다.

모차르트는 22세 때 만하임을 거쳐 파리로 구직여행을 했다. 모차르트의 아버지 레오폴트는 자유로운 영혼을 지닌 아들이 안정적인 궁정악장의 위치를 벗어나려고 이것저것을 시도하다 잘츠부르크 대사교大司敎와 사이가 벌어진 것을 염려했다. 결국 모차르트는 사표를 내고 새 일자리를 얻기 위해 어머니와 함께 파리로 갔다. 경유했던 만하임에서는 후일 아내가 된 콘스탄체의 언니인 소프라노 알로이지아 베버를 사랑했지만 실패로 끝나서 실연의 고통을 안아야 했다. 그런데다가 파리에서는 일자리를 얻지 못하고 사랑하는 어머니마저 별세했다.

모차르트가 아버지에게 보낸 편지에서는 "매우 안 좋은 소식인데 어머니가 매우 편치 않은 것입니다."로 시작하여 어머니의 죽음을 분명히 알리지 않고 "내내 몸조심하시고 모든 것을 하나님께 맡겨 주십시오. 사랑하는 어머님은 전능하신 주님의 품 안에 계십니다."는 식으로 아버지에게 충격을 안 드리려는 효심이 담긴 완곡적인 표현을 썼다. 동시에 브링겔 신부에게 보낸 편지에는 "친구여, 나와 함께 슬퍼해 주십시오. 인생에서 가장 슬픈 날이 되어버렸습니다. 사랑하는 우리 어머니가 돌아가셨습니다. …이 2주일 안 제가 얼마나 고뇌, 불안, 고통과 싸워 왔는지 짐작이 가시겠지요. 어머니는 의식을 잃은 채 마치 촛불이 꺼지듯이 운명하셨습니다."고 슬픔을 호소하고 부친 레오폴트의 힘이 되어달라고 당부까지 했다고 한다.

이 음악의 작곡은 절망적인 슬픔에 빠져 있으면서도 밝고 행복한 세계를 지향하고 있어서 경이롭기 그지없다. 마치 복수초가 얼음 속에서 노란 꽃을 피워내듯이 강한 생명력을 갖고 있다. 이 음악을 들으면 이른 봄에 가장 먼저 봄소식을 전하는 봄의 전령사인 복수초처럼 천진스럽고 화사하면서도 강한 봄을 전해준다.

느리고 우아한 1악장은 밝고 조용하고 서정적인 주제선율이 친근하게 펼쳐진다. 주선율은 남부독일 민요에서 빌린 것이다. 이 선율은 밝고 천진스런 느낌을 준다. 힘 있게 출발하는 2악장은 강한 타건打鍵으로 시작하여 약음과의 대비 속에 차츰 가속되는 듯 진행된다. 유쾌하고 활기차며 흥이 넘치는 3악장. 대체적으로 모차르트의 소나타는 귀족들의 살롱 취미에 맞추거나 아마추어들도 쉽게 칠 수 있을 만큼 쉽게 썼다고 한다. 그러나 '모차르트의 피아노 소나타의 평이한 스타일 뒤에 담겨진 예술성을 잊어버려서는 안 된다'면서 대 피아니스트 에드윈 피셔Edwin Fischer는 말했다.

"모차르트는 마음의 시금석試金石이다. …거기에서는 간소하면서도 기품 있고, 건강하면서도 끝없이 맑은 하나의 심정이 음악이라는 신의 말로써 이야기하고 있다."고 하였다.

모차르트는 36세의 짧은 생애를 살았지만 많은 명곡들을 남겨서 영원한 사랑을 받고 있다. 그의 음악은 맑고 투명해서 심신에 위로가 되고 영혼을 맑게 한다. 피아노 소나타 11번이야말로 그 말에 어울리는 음악이다.

복수초는 독성식물이어서 열매 맺을 무렵 뿌리를 포함, 잎줄기를 말려서 적은 양을 달여 먹으면 약효가 놀랍다. 혈액 순환이 좋아지고 정신쇠약증에도 도움이 되고 심장마비를 예방한다고 한다. 모차르트의 음악은 아무리 많이 듣더라도 독성이 없으니 복수초와는 다르다고 해야 할까.

(2015.)

뒤셀도르프의 가스등

– 브람스의 피아노 소나타3번 F단조

　독일의 뒤셀도르프에 들어서면서 우리 일행은 가슴이 설렜었다. 이 도시가 제2차 세계대전에 폐허가 된 독일에 쾰른, 본과 함께 '라인강의 기적'을 만들었던 공업도시라는 명성보다도, 슈만·클라라·브람스의 명곡탄생지여서 거리마다 골목마다 그들의 뜨거운 숨결이 배어 있을 것 같았기 때문이었다.
　함부르크 태생 브람스Johannes Brahms, 1833~1897는 무명음악가로 돈을 벌던 중 17세에 함부르크에 와서 공연한 슈만 부부가 묵은 호텔로 자작곡 악보를 봐달라고 보냈다가 개봉도 안 된 것을 돌려받았었다. 얼마 후 함께 연주 여행한 바이올리니스트 레미니의 소개로 만난 천재 바이올리니스트 요아힘은 브람스의 재능을 알아보고 소개장을 써주어 자신이 활동한 뒤셀도르프 시립오케스트라의 지휘자 슈만Robert Alexander Schumann, 1810~1856을 찾아가게 했다. 그때 설레면서 찾아가던 브람스의 마음으로 슈만 하우스가 있다는 동네에 들어섰을 때였다. 그 집이 있어야 할 자리에 하얀 바탕에 슈만 부부의 얼굴이 그려진 큰 걸개그림이 수리 중인 건물을 가리고 있었다.

사실 그 집은 슈만 부부가 1852년부터 1년 반 정도밖에 살지 않았던 집이다. 그러나 슈만은 무명청년 브람스가 와서 피아노 소나타 2번 등 자작곡을 연주하여 풍부한 정서와 깊은 음악성에 감탄한 집이 아닌가. 슈만이 《음악신보》에 「새로운 길」이란 제목으로 '브람스를 베토벤을 이을 음악가'로 소개하고 출판과 그의 진가를 알려주기에 힘썼다니 브람스의 터닝 포인트였던 집이다. 또한 브람스는 그 집에 두어 달 동안 머물며 슈만과 함께 산책하고 음악 작곡도 했다.

가로수인 마로니에와 플라타너스의 푸른 잎사귀들이 단풍 들기 시작하는 11월의 낮은 짧았다. 어둑해진 거리를 내다보면서 브람스가 2년 이상이나 뒤셀도르프에 머물면서 작곡생활을 했다는데 어디에 머물렀을까 궁금해하며 가는데 저만치 먼 곳에서부터 하나 둘씩 가로등이 켜지기 시작했다. 가까이 가니 백열등이나 형광 불빛이 아닌 레몬 빛 가스등이 거리를 희미하게 밝히고 있었다.

현대도시에 전기불보다 희미한 가스등을 밝혀놓았을까. 독일 낭만주의 작곡 거장인 슈만과 클라라의 빛나는 사랑얘기와, 슈만이 돌아가기 전부터 클라라에 대해 폭풍과 같은 연모에 빠졌던 브람스의 비밀스럽고 어두운 마음이 생각났다. 그리고 뜨거운 마음을 쏟아놓은 것 같은 피아노 소나타 3번의 멜로디. 브람스 피아노 소나타 3번은 전통적인 소나타가 3, 4악장인 것과 달리 5악장이다. 2, 4악장은 뒤셀도르프에 오기 전에 작곡했고 슈만의 집에 머물던 1853년에 완성했는데 교향곡 형식의 웅장하고 방대한 소나타형식으로 완성했다. 스무 살 청년 때 작곡된 음악이어선지 청년다운 정열이 곳곳에서 느껴졌다.

특히 1악장은 장엄하게 시작되는데 고음부터 저음에 이르는 정열적이고 폭발적인 제1주제가 강렬하게 시작되는 것이 인상적이고, 제2주제는 서정적으로 시작하나 웅장하게 퍼져서 밝은 분위기로 클라이맥스에 다다른다. 나는 우리 젊은 피아니스트 김선욱의 연주로 들었기에 호쾌하기도 했던 1악장인데 후일 어느 노대가의 연주로 들으니 좀 다른 인상이었다. 2악장은 슈테르나우의 시 「젊은 날의 사랑」을 앞 페이지에 인용하고 시의 느낌을 주는 낭만적인 선율, 3악장은 브람스 특유의 깊이와 힘이 느껴진다. 음울한 4악장은 여행에서 만난 소녀와의 추억을 노래했다는데 불안감을 준다. 쉬지 않고 4악장에서 이어지는 5악장은 웅장하고 화려하게 마무리되는 피아노 소나타 3번.

스승의 아내이고 열네 살이나 연상인 클라라를 사모한 브람스의 불같은 사랑, 격정적인 폭풍이 이 곡 전반에 표출되고 있다고 보는 이들도 많다. 내색할 수 없었던 연모의 정을 작품에 쏟을 수밖에 없었을 브람스.

따스한 마음으로 자신을 돌봐주던 슈만에게 최선을 다하면서도 클라라에 대한 마음을 걷잡을 수 없어 슈바빙으로 떠나 산책하며 마음을 진정시켜보려 했으나 클라라와 떨어져 있자 오히려 지독하게 그리워하게 되었다. 그런 감정을 친구 블루메에게 보낸 편지에서 밝혔고, 함부르크에서 보냈던 긴 사랑의 편지에는 온몸을 다 바쳐 사랑한다고 직접 고백했다. 당시 클라라는 브람스의 열정적인 접근에 상당히 이성적인 태도로 대처했다. 그런데 슈만이 정신병으로 라인강에 투신, 자살을 기도하고 정신병원에 입원했던 2년 동안 두 사람이 교환했던 편지를 클라라가 다 없앤 것으로 보아 클라라도 건전하고 잘생긴 천재 음악가에게 끌렸을 것으로 짐작하기도 한다.

슈만이 세상을 떠나자 브람스는 급히 달려왔다. 2년 동안 가장처럼 대소사를 살펴주었고 일곱 아이들과 정서적으로 밀착되었고 셋째 딸 율리와 사랑하게 되어 결혼할 뻔도 했으나 클라라의 반대로 이루지 못했다는 설도 있다.

희미한 가스등 불빛 아래 출렁이는 라인강물을 보며 브람스의 클라라에 대한 헌신적인 사랑의 깊이도 헤아릴 수 없겠다고 느꼈다. 아이들의 문제만은 브람스와 상의했고 브람스는 저명인사가 되어서도 클라라에게 최선을 다한 헌신적인 사랑. 깊은 신뢰와 연민, 깊은 이해심도 라인강물처럼 꾸준히 흐르고 있었다. 빈에서 활동하고 휴양지 이슐에 갔을 때 클라라의 죽음 소식을 들은 브람스는 놀라서 기차를 잘못 탔다가 프랑크푸르트행 기차로 바꿔타서 클라라의 장례식에 늦게 도착했다. 그 다음해에 브람스도 세상을 떠났으니 클라라를 따라간 것일까.

전기등보다 희미한 가스등을 보며 그들이 진정한 사랑이었는지 우정인지 아직도 분명히 이름 지을 필요가 없다는 것을 짐작하라고 가스등을 아직껏 바꾸지 않았을까, 생각하는데 갑자기 장엄하게 건반을 아우르는 1악장의 웅장한 멜로디가 크게 들려오는 것 같았다.

(2020.)

내일이면 늦으리

안동安東에서 병산서원屛山書院 가는 비포장도로로 들어서니 주변엔 감자, 옥수수밭과 비탈진 사과 과수원이 눈에 띌 뿐 마을도 행인도 없다. 대학 졸업반 때 서원書院은 자연 경개가 아름답고 마을에서 멀리 떨어진 곳에 세웠다는 스승의 말씀이 생각난다. 우리나라 서원 누각 중 으뜸인 병산서원의 만대루에 꼭 가보라 하셨는데, 거의 50년 만에야 찾아온 곳, 친구와 함께 단체 관광의 일원으로 참가했다. 푸른 산이 병풍처럼 둘려 있는 병산리에 도착하니 초여름 해가 주변의 낙동강 물줄기를 반짝이게 하고 있다.

학덕이 높고 임진왜란 때 공을 세운 서애 류성룡西厓 柳成龍, 1542~1607의 업적을 기리기 위한 병산서원. 원래는 고려 때부터 풍산豊山 읍내에 있던 풍산 류柳 씨의 교육기관인 풍악서당豊岳書堂을, 서애 선생이 선조 5년(1572)에 안동 병산리로 옮겨 지은 서원이다. 1613년에는 서애의 제자들이 류성룡을 모신 존덕사尊德祠를 지었고 16년 후 서애의 셋째 아들 수암 류진의 위패까지 모셨다. 존덕사와 강학講學을 하던 입교당立教堂, 유물을 보관한 장판각藏板閣, 기숙사였던 동재東齋, 서재西齋와 전사청典祀廳, 만대루晚對樓 등이 있어 사적 260호로 지정된 곳이다. 1868년 대원군의 서원철폐 때도 건재했던 조선시대 5대 서원의 하나이다.

　정문인 복례문復禮門으로 들어서서 계단 몇 개를 오르자마자 다가선 만대루는 좀 의외이다. 마당을 지나서 여유 있게 떨어져 있을 줄 알았는데 복례문 가까이 있어서 입교당이나 동재, 서재는 만대루 밑을 통해서 가게 되어 있다. 그런데 만대루가 당연히 만대루萬代樓일 줄 알았는데 늦을 '만晚' 자, 대할 '對' 자인 것이 마음에 걸린다. 평소에 미루다가 선뜻 실천에 옮기지 못하는 늦을 '晚' 자 콤플렉스가 있는 나로서는 만대晚對라는 글자가 50년 전에 추천받고도 이제야 찾은 나를 깨우치는 듯하다.

　나는 입교당에서 존덕사로 옮겨가는 일행과 친구에게서 뒤처져 혼자서 만대루를 자세히 보려고 발길을 멈추었다. 옛사람들은 선인仙人에 가까워지기 위해 자신을 자연의 일원으로 보고 항상 자연과 함께 존재하려는 바람에서 정자나 누각을 지었다고 한다. 속진에 찌든 나는 벽이 없이 훤히 트인 만대루에 올라가 사방을 보며 답답하던 세상일들이 풀리고 소통될 것을 소망해 볼까. 통나무 하나를 통째로 깎아 걸쳐 놓은 2층을 오르는 나무 층계가 경이로워 다가가니 출입금지 안내를 써 붙였다. 오래된 목재건물이어서 훼손될까 봐 내린 결정이리라. 한동안은 관광객들이 자유롭게 올라가 선인들의 멋을 느껴봤다는데, 섭섭하여 몇 걸음 뒤로 물러나 까치발로 위를 올려다보았다. 네 귀에 모두 추녀를 달아 지은 팔작집의 날렵한 기와지붕의 처마와 용마루, 기둥부터 들보까지 모든 목재들이 자연 그대로의 모습이다. 강학공간은 단청과 장식 없이 검소하게 짓는다지만, 굽고 휘어진 나무 등을 잘라내지 않고 툭툭 다듬어서 자연스럽게 붙인 서까래 모양이 검박하기 이를 데 없다. 투박한 나무로 얽어 놓은 천장과 추녀, 우람한 기둥들도 통나무들이다. 굵은 나무의 무늬를 그대로 드러내고 있는 마룻바닥까지, 풀 먹인 무명 두루마기를 입고 있는 선비의 결기를 생각나게 한다. 구한말 우리나라를 다녀간 세계적인 건축가들이 우리네 3대 건축물로 꼽았다는 병산서원, 굽고 휜 나무의 개성을 살렸는데도 균형이 잡혀 완벽한 조화를 이룬 만대루 때문이었을까.

서원에서 각기 다른 개성을 존중하며 국가의 동량재가 나오기를 바랐던 이들과, 임진왜란 때 군무를 총괄하며 이순신·권율 등 명장을 등용했고 후일 영의정으로 국력을 키우려던 서애 선생의 출중한 면모를 떠올리다가, 소박한 기둥과 마루인데 난간은 좀 화려한 무늬를 새긴 예사롭지 않은 것에 시선이 머문다. 난간을 가볍게 세워서 마루와 함께 다른 선으로 만들어낸 솜씨가 일품이라고 생각하는데 관람 일행을 따라갔던 친구가 돌아와서 들려준다.

"만대루는 많은 것을 버려서 더 많은 것을 얻었다. 병산서원은 주변의 경관을 배경으로 하여 자리 잡은 것이 아니라 여기 빼어난 강산의 경관을 만대루를 통해 적극적으로 끌어안으며 배치했다는 점이 뛰어나다."는 해설을 들었다고 자랑하며 종이쪽지를 내게 내민다.

두보杜甫의 시 〈백제성루白帝城樓〉에 나오는 "翠屛宜晩對 白谷會深遊 취병의만대 백곡회심유(푸른 병풍처럼 둘러쳐진 산수는 늦을 녘 마주 대할 만하고, 흰 바위 골짜기는 여럿 모여 그윽이 즐기기 좋구나.)"가 적혀 있다. '만대루' 이름의 유래를 일행 중 사학자가 있어서 알려 줬다지 않은가. 나는 속으로 '그러면 그렇지', 두보에 취해서 그 연구로 평생을 바친 스승이었기에 일찍이 만대루를 추천하셨던 것이구나, 하면서 미리 자료도 찾아보지 않고 온 것을 늦게야 후회한다.

자연을 선과 면으로 승화시켜 빚어낸 우리 건축미의 백미라고 평가되는 병산서원. 특히 만대루는 세운 지 450년이 되어오는데 부식腐蝕: 썩어서 문드러짐을 막는 약품 하나 칠한 것 없이 이토록 건재한 것을 신기하게 생각하다가 문득 떠오르는 것이 있다. 목수들은 나무로 기둥을 세울 때 그 나무가 자란 배경에 신경을 쓴다고 한다. 햇볕을 잘 받은 남쪽에서 자란 나무는 양지쪽에, 바람을 많이 받고 북쪽에서 자란 나무는 북풍 부는 뒤안 쪽에 세운다. 자란 성질에 맞는 조건과 방향에 세워야 기둥이 든든하고 뒤틀리지 않아 몇백 년, 몇천 년이 지나도 제 모양 그대로 지니고 오래 간다고 하시던 말씀이 생각났다.

백년대계를 위해 인재를 배출했던 서원, 만대루 앞에 서니 지금은 강학공간으로 쓰지 않지만, 서권기 문자향書卷氣 文字香(책을 많이 읽고 교양을 쌓으면 몸에서 책의 기운이 풍기고 문자의 향기가 난다는 뜻)을 깨우쳐 주고 스승의 말씀을 되새기게 해주는 것 같다. 한정된 시간을 받은 사실을 잊고 낭비하다가 나이 든 걸 실감하면서 '푸른 병풍처럼 둘러쳐진 산수는 늦을 녘 마주 대할 만한' 멋을 쌓지 못하고 태만했음을 넘어가는 햇살이 잠깐 깔릴 순간에라도 뉘우쳐야 하지 않을까.

늦을 녘 대할 만하다는 '만대루'의 삶이 무엇인지 여쭤볼 스승이 안 계신다는 쓸쓸함을 안고 버스에 오른다.

(2011.)

닮지 않은 이유
– 보물 제218호 관촉사 석조미륵보살입상

논산시論山市 관촉리灌燭里의 얕은 반야산 기슭, 관촉사 석조미륵보살입상 앞에는 손을 모은 여인들 몇이서 절을 올리고 있었다.

지금은 '관촉사 석조미륵보살입상灌燭寺 石造彌勒菩薩立像'이 바른 명칭이지만, 우리가 어렸을 때는 이곳의 옛 지명인 은진恩津의 이름을 붙여 '은진미륵'으로 불렀었다. 높이 18m가 넘는 큰 키에 우람한 체구이지만 위압감보다도 편안한 느낌을 주는 것은 어려서부터 많이 보아서 생긴 친근감일까. 허리를 중심으로 두 개의 자연석 화강암을 이어서 만들었다는 거대한 불상에 어려서는 호감을 가질 수가 없었다.

나와 말다툼을 하던 동무가 말이 딸리자 "얼굴이 은진미륵처럼 넓적해갖고…" 하면서 투덜거리던 게 생각나서, 은진미륵이 못생긴 것만은 틀림없다고 짐작했었다. 그 무렵 우리들은 얼굴이 크면 은진미륵 닮았다고 놀렸고 남이 앞을 막고 있으면 "왜 은진미륵처럼 턱 버티고 있냐?"고 핀잔했었기 때문이다. 그렇게 외모를 희화의 대상으로 삼았고, 존엄하게 여기지는 않았지만 걱정거리나 소원이 있으면 "은진미륵한테 가서 빌어라." 할 만큼 우리 생활 속에서 친근한 믿음의 존재이기도 했었다.

　불상은 한국인의 가슴속에 토속신앙의 대상으로 자리 잡고 있다. 무언가 이루고 싶은 기원이 있거나 고민이 있을 때 불교신자가 아니더라도 불상 앞에 가서 기원을 드리는 이들이 많았다. 이웃집 아주머니가 군인 가는 아들의 무운을 빌기 위해서 20리나 떨어진 관촉사에 갈 때 나도 따라가서 처음으로 미륵불을 쳐다볼 수가 있었다. 얼굴이 이마가 좁고 턱이 넓어 사다리꼴에 가깝고 옆으로 긴 눈, 코와 입도 크지만, 어깨까지 내려오는 기다란 귀라니 실로 괴이한 모습이었다. 게다가 큰 얼굴부분과 몸체길이가 비슷한 가분수인 것에 더욱 놀라, 치성을 드리는 일행을 떠나 불상 멀리에서 맴돌던 기억이 있다.

　세월이 많이 지나서야 미륵불이 견고한 심장은 지니지 않았어도 1,000년 동안이나 태풍과 눈비에도 끄떡 않는 강한 것만으로도 미더운 존재로 여겨졌다. 어려서 들어온 전설도 그럴 듯하게 믿겨지니 자주 들어서 익숙해진 신뢰감일까.

　고려 광종 때 사제촌沙提村에 사는 여인이 반야산 기슭에서 고사리를 꺾다가 어디선가 아기울음소리가 들려와서 달려가 보니 아기는 없고 땅속에서 커다란 바위가 솟아올랐다. 이 소식을 들은 광종(19년, 서기 968년)은 혜명대사慧明大師에게 그 돌로 불상을 세우도록 했는데 37년 만인 목종 9년(서기 1006년)에 완성되었다. 땅속에서 솟은 바위로는 허리 아랫부분을 만들고, 가슴과 머리 부분은 30리 떨어진 곳에 있던 돌로 새겼는데 일꾼 1천 명이 동원되어 옮겨와서 붙였다고 한다. 그러나 큰 불상을 어떻게 세울까 고심하던 혜명은 사제천을 거닐다가 흙으로 부처 세우는 놀이를 하는 동자들을 만났다. 큰 돌 하나를 세우고 흙을 그 주위에 쌓아 올린 후 몸뚱이를 굴려서 그 위에 올리고 또 흙을 전같이 쌓아 올리고는 맨 윗부분을 세운 뒤 둘레의 흙을 파내니 부처 모형만 남는 것이었다. 혜명대사는 그 장난을 보고 큰 미륵을 세울 수 있는 법을 깨달았다는데, 문수보살이 잠시 동자로 화신하여 대사에게 지혜를 준 것이라는 전설이었다.

  기중기도 없던 시절에 거대한 바위에 불상을 새겨, 옮겨다 세운 것은 전설대로가 아니라면 불가능할 것으로 여겨지고 괴이한 모습에도 조금씩 익숙해지기 시작했다. 그리고 소풍 가서 볼 적마다 친근감이 들고 처음엔 보이지 않던 아름다움까지 찾게 되었다. 머리에는 구름무늬 같은 머리카락이 조각되어 있고 높은 원통형의 관冠에 네모난 보개寶蓋가 2중으로 얹혀 있는 것이 멋스럽게 보였다. 게다가 사각모 같은 관의 네 귀에는 방울을 달아서 대학 졸업 때 쓰는 학사모가 은진미륵을 보고 흉내 낸 것인가 생각하기도 했었다.

  이 석불이 완성되어 머리 위 화불化佛과 백호白虎에서 내는 빛이 매우 밝아 바다 건너 송나라 지안대사智眼大師가 광채 나는 빛을 따라와 예불을 올리며 "빛이 촛불을 보는 것 같다"고 했고, 중국의 가주嘉州에도 큰 석불이 동쪽 우리나라 쪽을 향해 서 있는데 광명이 동시에 동과 서에서 서로 통하니 관촉灌燭이라 이름 지었다는 전설에는 신령함까지 깃들어 있을 것 같았다.

한동안은 이 석조미륵보살입상이 우리나라에서 제일 큰 석불이고 고려시대에 제작되었지만 신라의 불상에 비해 조형성, 예술성이 떨어지는 것으로 평가되고 그런 인식이 모두에게 자리 잡고 있었다.

불교에서 미륵불은 56억 7천만 년이 지난 뒤에, 그때까지도 못다 구제된 중생들을 위해 나타난다는 미래불로 여겨 대개 산이나 들 등 바깥에 세워진 경우가 많다. 이 석조미륵보살입상 역시 절 마당에 세워진 것으로 전체적인 균형미는 떨어지지만 고려 초기에 이 지방에서 유행한 불교예술의 특징을 잘 갖춘 것으로, 인체비례를 몰라서 4등신에 가깝게 만든 것이 아니고 의도적으로 그렇게 했다는 설說이 나와서 반갑다.

미술사학자 유홍준兪弘濬 교수는 『나의 문화유산답사기 6』(p.497-411 참조)에서 '본래 불佛, 보살상이란 절대자이다' '고려 초 논산 땅에 조성된 이 보살상은 무언가 신기神奇를 일으킬 것만 같은 괴력의 소유자로서 절대자상을 만들었던 것이다.' '애당초 무언가 신기하고 파격적이고 괴이하게 만들었던 것이지 조각솜씨가 부족했던 것이 아니다.'면서 이미지의 변형을 인정하고 "이건 고전미학에서 일탈하려는 의도가 역력합니다. 아주 감동적입니다."는 동료교수의 말까지 인용하고 있다.

"통일 신라의 석굴암을 만든 이들이 추구한 것은 조화적 이상미요, 완벽한 질서였다. 그래야 중앙정부의 안정된 체제유지와 뜻이 맞아 떨어진다. 그러나 고려시대에 백제 고토故土라는 지방에 살고 있던 사람들은 그런 숨 막힐 듯 완벽하게 짜인 질서가 아니라 차라리 그 질서를 파괴하는 힘, 괴력과 신통력의 소유자인 부처님이어야 민중도 뭔가 희망이 있을 것이라고 생각했던 것이다."

유 교수의 '관촉사 석조미륵보살입상은 돌미륵치고는 너무도 격식을 갖춘 돌미륵이고, 장승치고는 너무도 잘생긴 장승인 셈이다.'에 적극 동의하며, 그동안 예술적인 조화의 극치인 석굴암 부처를 닮지 않았다고 부끄럽게 생각하고 폄훼했던 고향의 은진미륵에 대한 편견에서 벗어날 수 있어서 다행이다.

(2011.)

때가 되면
- 국보 제229호 자격루

덕수궁德壽宮에 가면 광명문光明門에 전시된 국보 제229호 '보루각 자격루報漏閣 自擊漏'를 기웃거린다. 조선조 대표적인 과학유물의 하나인 최첨단 물시계로 자동시보장치는 없이 시계장치 부분만 전시한 것이다.

우리나라는 삼국시대부터 나라의 표준시계로 물시계를 사용하였다. 물시계는 물의 증가량과 감소량으로 시간을 재는데, 자격루가 발명되기 전 세종대왕은 장영실蔣英實에게 종과 북, 징과 같은 자동시보장치를 갖춘 진일보한 물시계를 만들게 하였다. 종래의 물시계는 위쪽의 여러 항아리에 물을 채워 아래쪽의 항아리에 차례로 흐르도록 하여 시간이 지나면서 아래쪽 항아리에 고이면 시각의 눈금이 있는 살대가 떠오르면서 그 살대의 눈금을 읽어 시간을 알아내는 것이었다. 세종대왕은 사람이 지켜보며 눈금을 읽는 것이 불편하니 때가 되면 저절로 시각을 알려주는 물시계를 만들라고 지시했다. 세종16년 (1434) 장영실이 김조, 이천 등과 함께 기존의 시계에 자동조절장치를 연결하여 인형과 쇠구슬이 종, 북, 징을 치도록 하는 자동시보장치가 달린 물시계, 자격루를 완성했던 것이다.

'스스로[自] 두드려[擊] 물을 흘려보낸다[漏]'는 자격루는 물의 흐름과 구슬 및 인형의 움직임을 통해 두 시간마다 한 번씩, 하루에 열두 번 종을 쳐서 시간을 알려주는 자동장치를 갖춘 최첨단 물시계였다. 장영실이 만든 것은 1455년에 자동시보장치가 고장 났는데 장영실이 투옥, 파면되었기 때문에 고칠 사람이 없었다. 세종이 장영실이 감독, 제작했던 어가御駕를 타고 온천에 다녀오다가 어가御駕가 부서져 상호군上護軍이기도 했던 장영실은 투옥, 파면되었다. 그 후 고장 난 자동시보장치를 고치지 못한 채 자격루를 철거했다가 임진왜란 때 불에 타 없어졌다 한다.

유일하게 덕수궁에 남아 있는 국보 제229호 자격루는 세종 때 자격루의 전통을 이어받은 세계에서 가장 규모가 크고 오래된 물시계라는 점에서 귀중한 과학문화재로 보존되고 있다. 용 그림 부조가 있는 원통모양의 청동제 물받이 통 수수호受水壺 두 개가 앞쪽에 서 있는 뒤로 돌로 높이 쌓은 받침대의 위쪽에 청동제 큰 파수호播水壺; 물통 1개와 그 아래로 옹기로 만든 두 개의 작은 파수호가 작은 받침 위에 놓여 있다.

예나 이제나 삶을 말할 때 시간과 때의 중요성을 빼놓는 적이 없다. 성공적인 삶을 이끌고자 할 때 시간과의 싸움, 정확한 때의 포착, 그래서 시간을 절대적인 위치에 놓고 빼앗기지 않으려고 안간힘을 계속한다. 시간을 아끼고 때를 맞추기 위해 자동시보시계는 모든 사람의 바람이었으리라.

나는 차가운 자격루 부품들을 보면서 세종대왕께서, 물시계의 눈금을 지켜보면서 시간을 알아내야 하는 이의 노고를 헤아려서 때가 되면 자동적으로 알려주는 물시계를 만들게 했다는 따뜻한 배려에 마음이 밝아진다.

20여 년 전 이른바 일광절약 시간제(섬머타임)를 실시하던 때 시골에 출장 가서 점심을 먹었는데, 식당의 벽시계가 11시여서 주인에게 12시로 해놔야 맞고 점심도 더 맛있을 것 같다고 했다가 "때가 되면 밥을 먹는 것이지, 시계를 들여다보고 밥을 먹는답디까? 공연히 멀쩡한 시계를 한 시간 늦춰라 당겨라 그것도 정치인지." 하고 핀잔을 받았었다. 식당 주인이 말한 '때가 되면'의 그 '때'는 시각의 의미보다 관습의 의미가 강한 것이었다.

일상적인 좌절이나 역경에서 우리는 '때가 되면' 이뤄지겠지 하는 막연한 기대를 품기도 한다. 성경 전도서 3장에도 "모든 일에 기한이 있고 목적이 이뤄질 때가 있나니" 하는 1절부터 "날 때가 있고 죽을 때가 있으며 심을 때가 있고 거둘 때가 있으며, 죽일 때가 있고 치료시킬 때가 있으며 헐 때가 있고 세울 때가 있으며, … 전쟁할 때가 있고 평화로울 때가 있느니라."는 8절까지 인생의 일은 하나님이 정해 놓은 것이라는 구절이 있다.

시계를 빠르게 돌려놓거나 늦춘다고 남의 시간을 빌리거나 늘릴 수도 없다는 것을 일깨운 식당주인의 말, 또 시계는 시각을 맞추기 위한 도움은 될지언정 정해진 때가 되었음을 알기에는 미흡한 도구임을 일깨우기도 한다. 흘러가는 시간을 따라 흐르며 어김없이 흐른다는 사실만 느낄 뿐, 거슬러 보려는 것은 시도일 뿐 결코 극복하지 못한다는 진실을 깨우친다. 그러나 시간은 계속 흐르지만 영원히 이어진다는 것을 보루각 자격루의 견고한 부품을 보며 확인하려고 덕수궁을 찾는지도 모른다.

환경이나 사회적·역사적인 때의 정한 시기이든, 개인 역정歷程의 시기이든 무르익기를 막연하게 기다리는 이는 없을 것이다. 거둘 때를 위하여 씨를 뿌려서 뿌리를 내려야 한다. 뿌리가 내리면 그 줄기에서 싹이 트고 꽃이 피는 일, 꽃 피는 정해진 때를 기다리는 과정의 가꿈은 자기 몫이다.

'때가 되면'의 믿음을 가진 이에게 시계는 한낱 허상에 불과할 것이다. 과학의 발달로 맞게 될 우주 시대에는 실제로 늘었다 줄었다 하는 시간을 경험하게 되리라는 전망이다. '밀리초 펄서'라는 특수한 시계는 X선이나 전파를 이용하여 1,000분의 1초인 밀리초까지 잴 수 있는 성능의 시계이다. 그래서 '밀리초 펄서' 시계를 차고 우주여행을 하게 되면, 실제로 지구의 하루와 화성의 하루는 서로 그 길이가 다르기 때문에 화성에서 사흘 동안 보내다가 지구로 돌아오면 몇십 년이 될지도 모를 일이라는 것이다.

한 사람의 개인적인 성취나 역사가 바뀌는 나라의 일에 이르기까지 조물주가 정해 놓은 때가 있음을 잊기 때문에 초조와 불안 등 온갖 갈등이 빚어지는 것이 아닌가. 다시금 '정해진 때가 있다'는 말씀을 믿고, 막연한 것, 미지의 것, 보이지 않는 것에도 의심을 두지 않기로 했다. 그리고 무턱대고 기다리는 것만이 아니라, 믿음 안에서 빈 곳은 채우며 황폐된 곳은 기름지게 가꾸는 자세가 값질 것이다.

자동시보장치로 시각을 일깨우지 않아도 시각의 눈금을 헤아릴 줄 알며 살아가는 것이 현명한 것일까, 생각하며 덕수궁을 나오기도 한다.

(2011.)

마음 그리기
– 국보 제216호 정선의 인왕제색도

우리 동네[陽川區 木洞]에 있는 용왕산龍王山에 오른다. 짙어진 녹음 사이에서 철늦은 철쭉이 반기는 계단을 올라 용왕정에 이르니 행주대교 쪽으로 흐르는 강물이 치렁하고, 멀리 북한산의 5봉, 인왕산 푸르러진 사이로 드러난 하얀 바위도 반갑다. 몇 년 전까지만 해도 이곳엔 겸재 정선이 양천 현령을 지내면서 이 산에 올라 먼 산과 한강물을 내려다보며 그린 『양천팔경첩』을 완성했다는 표지가 있어서 얼마나 반가웠는지 모른다.

동양화는 부귀와 건강, 장수, 과거급제 등 기복적 주제를 담아 그리거나 고전 속의 명구名句와 일화逸話가 그림의 주제로 다뤄지는 일이 많아 그림을 읽는다고 말하기도 한다.

겸재 정선謙齋 鄭敾, 1676~1759이 76세에 그린 「인왕제색도仁王霽色圖」는 친구 사천 이병연槎川 李秉淵, 1671~1751의 병이 깊어지자, 인왕산의 어두운 구름이 개듯 친구의 병이 낫기를 바라고 그린 그림이어서 의미가 깊다.

숨은 별 찾아내기

겸재는 조선조, 중국회화를 베껴 그리거나 상상해서 풍경을 그리던 화풍에서 벗어나 직접 우리나라 산천을 답사하여 한국 산수의 참된 모습을 그리는 이른바 진경산수眞景山水 화풍을 40대에 완성하여 한국회화사에 변화를 가져왔다. 100여 폭에 이르는 「금강전도金剛全圖」는 여러 차례 금강산 일대를 유람하여 그려내어 「인왕제색도」와 함께 대표작으로 꼽힌다.

겸재는 화가로서는 드물게 84세까지 장수한 것으로도 유명하지만 세 고을의 현감을 지낸 관운을 누리기도 했다. 하양현감(46~51세)과 청하현감(58~60세)을 마치고 65세부터 70세까지 지금의 강서구 가양동 향교 부근에 위치한 양천 읍치의 현령을 지내면서부터 정선의 진경산수화가 더욱 완숙한 경지에 이르게 되었다. 70세에 양천현령을 퇴임한 정선은 보통 화가들이 도달하기 어려운 자신만의 화법, 현실감 넘치는 독창적인 화풍을 완성, 성행시킴으로써 한국의 회화발전에 큰 업적을 남겼다.

10여 년 동안 인왕곡仁王谷 밑 인곡정사仁谷精舍(지금의 옥인동으로 추정됨)에서 여유로운 만년을 보내면서 76세에 그린 「인왕제색도」는 비 온 뒤의 인왕산 경치를 그린 그림이다. 자신이 태어나고 자랐던 인왕산 자락의 수려한 산수와 계곡을 배경으로 거암과 노송이 많은 석파정 골짜기를 수묵담채水墨淡彩로 그린 작품이다.

이 그림은 미술적으로도 뛰어난 작품이지만, 진한 우정의 산물이어서 감동스럽다. 겸재는 친구 이병연과 10대부터 스승 김창흡金昌翕

선생님에게서 같이 공부하고 60여 년을 형제처럼 지내왔는데 병이 깊어진 친구를 그저 바라보기만 해야 하는 자신이 안타까웠다. 서로를 격려하고 의지하며 겸재와 함께한 사천은 일만 삼천 수가 넘는 시를 지은 문장가였다고 한다. 두 사람 사이에 주고받은 시와 그림을 묶어 놓은 시화첩 『경교명승첩』 속에는 사천과 겸재가 마주 앉아 시와 그림을 주고받는 모습을 그린 그림도 있다고 한다. 겸재가 양천 현령으로 떠날 때 서울에서 멀지도 않은 곳인데 사천은 이런 전별시를 써서 주었다.

> 자네와 나를 합쳐놔야 왕망천(당나라 문인, 서화가 王維)이 될 터인데
> 그림 날고 시 떨어지니 양편이 다 허둥대네.
> 돌아가는 나귀 벌써 멀어졌지만 아직까진 보이누나.
> 강서에 지는 저 노을을 원망스레 바라보네.

전별시나 인왕제색도는 두 사람의 우정을 그린 마음 그리기였다. 겸재가 친구의 쾌유를 바라는 마음을 진한 먹으로 힘 있게 담은 인왕제색도.

겸재는 양반 가문에서 태어났으나 집안이 가난하고 부모님이 연로하여 10대에 도화서원圖畵署員이 되었다. 미술적 안목과 창의력이 뛰어난 그로서는 꼼꼼한 필치로 외형묘사에만 주력하는 직업적 화가의 필법을 따르는 것을 용납할 수 없었으리라. 학문이 높은 선비

들이 수묵담채로 내면세계의 사의寫意를 중요시하는 남종화풍南宗畵風의 문인화에 끌려 열심히 익혀 그것을 자기 것으로 소화했다.

산 전체가 백색화강암으로 되어 있는 바위산인 인왕산, 이런 백색화강암을 그리려면 흰색으로 표현해야 하는데 온통 진한 묵으로 그려서 이 그림 앞에 서면 우선 묵중함에 압도된다. 바윗덩어리를 표현하기 위해 넓적한 붓으로 짙은 먹을 여러 번 칠하는 적묵법積墨法, 붓을 옆으로 뉘어 빗자루를 쓸어내리듯 그리는 뛰어난 묵찰법을 발휘했다. 백색암석을 진한 묵으로 그렸어도 원래 색이 백색임을 느낄 수 있을 만큼 만년 겸재의 묵법이 높은 경지에 이르렀다는 전문가의 해설이다. 묵찰법은 깎아지른 절벽 등을 표현할 때 사용하는 부벽준과 비슷하지만 그려놓고 보면 전혀 다른 느낌이라고 한다. 그런 묵찰법을 한 번이 아닌 몇 번을 반복하여 그렸기에 바위의 묵중함이 살아났고 편필便筆의 소나무모법模法도 겸재가 개발한 기법이라고 한다.

굵고 검은 선, 짙은 색의 주조主調, 물결치듯 굽이치는 산봉우리와 계곡, 안개가 중첩하여 보는 이에게 역동감을 느끼게 한다. 인곡정사에 살면서 수백 번, 수천 번의 연습과 실험에서 터득한 진경산수의 백미로 꼽힐 만한 표현을 해낸 것인데, 병약한 친구에게 불끈 힘이 솟아나게 하고 싶은 마음도 담겼을 것 같다. 나이 든 이들에게 노익장의 승리감을 안겨주고 있음을 겸재는 아실까.

어떤 때는 인왕제색도의 윗부분이 좀 잘리지 않았나 싶게 답답하게 느낀 적이 있다. 문외한의 안목이어서 누구에게도 밝히지 않았는데 그 연유를 알게 되었다. 심환지1730~1802라는 분이 이 그림을 소장하면서 그림의 윗부분에 칠언절구七言絶句 화제畫題를 써넣었는데 그가 돌아간 후 후손들이 제사 지낼 때 초상화 대신 그 글씨를 사용했다고 한다. 계속 그림의 주인이 바뀌면서 글씨부분이 낡아 윗부분이 떨어져 나갔으리라고 추측한다는 것이다.

장마철이 가까워 온다. 비가 맑게 개면 인왕산 석파정 골짜기가 보이는 곳에 올라가 볼까. 그러나 아픈 친구의 쾌유를 기원하며 겸재가 「인왕제색도」를 그린 나흘 후에 친구는 세상을 떠났다는 사실이 나를 주춤하게 한다.

용왕정에서 보는 양천 일대의 모습이, 세월이 흘러 높은 아파트 등에 많이 가려져버렸듯이 이를 보던 이들도 많이 떠나버렸다. 아픈 친구의 쾌유를 기원하던 겸재도 그 몇 년 후 떠나고.

세월의 무게를 떠받치던 인왕산의 바위모습은 또 얼마나 달라졌을까 생각하며 용왕산을 내려오는 발걸음이 무겁기만 하다.

(2012.)

5

수필오디세이 '작가의 글방'
경구와 잠언이 있는

햇볕 잘 드는 창 쪽으로 책장 두 개와 서가 1개에 50년도 넘은 『한국명저대전집』(대양사) 중 8권과 『한국수필문학대전집』(범조사) 10여 권, 내 글을 연재했던 수필지를 중심으로 책을 꽂아 놓았다. 이사 올 때 전집 중에서 절반 이상과 글씨가 작은 묵은 책들, 문학지들을 버렸는데도 책꽂이가 모자라서 방바닥에도 책을 쌓아 놓았다. 게다가 아직 버리고 싶지 않은 상패들을 세워놓은 장식장을 놓고 보니 책상을 놓았어도 의자 놓을 공간이 없지만, 춘란 화분 두 개가 청청함을 뽐내는 작은 방이 나의 글방이다. 33년 동안 살던 너른 집에서는 책을 빽빽이 꽂은 책장이 있는 이른바 서재에, 오디오 기기와 고가구 반닫이 위에 등잔걸이까지 놓고 컴퓨터도 있었다. 3년 전 이사 온 이 집엔 컴퓨터가 거실로 나와 있으니 거실을 글방이라고 해야 될까.

20대에 나는 글방에 녹색 카펫을 깔고 있었다. 영국 시인 엘리자베스 브라우닝Elizabeth Barrett Browning, 1806~1861의 아름다운 시에도 끌렸지만, 처녀 시절 집 꼭대기에 있던 녹색 카펫이 깔린 방에서 작품을 쓰고 낭만과 꿈을 가꿨다는 상황에 매혹되었다. 창문을 열면 막힌 것 없이 멀리까지 시야가 넓게 트여 있던 방에서 걸작을 썼다고 한다. 그녀의 예지와 재능을 닮을 수는 없지만 녹색 카펫은 문학 창작욕이 있던 내게 의지를 굳혀줄 것 같았다.

 좋은 책을 많이 소장하고 편리하고 품격 있는 가구를 갖춘 서재에서 글을 써야 명작이 나오는 것이 아니라는 데 누구나 공감할 것이다. 글 쓰는 이에게 소중한 덕목은 위대한 꿈과 이상에 대한 자기 헌신의 과정에서 이루는 것이다.

 직장(MBC라디오)에 근무할 때 MBC와 K신문이 통합해서 K신문편집국에 자주 들렀다. 그때 문화부 책상 한 모퉁이에서 주간 연재칼럼을 써놓고 가던 인기작가 최인호崔仁浩 씨, MBC라디오에 자주 출연하셨던 김동길金東吉, 당시 연세대 교수 선생이 승용차 앞자리 팔걸이에 조그만 판자 쪽을 걸쳐놓고, 마감시일을 지키려고 차 안에서 글 쓰는 모습을 여러 번 보았다.

 그들의 모습에서 나의 편협한 사고를 반성했다. 글쓰기 전에 주위의 소음을 막아줄 잔잔한 음악을 배경음악으로 틀어놓는다거나 세계적인 시인처럼 초록 카펫을 깔고 명시인의 작품을 생각하면 좋은 글이 써질 듯한 집착에서도 벗어나야 한다고 깨달았다. 무모한 고집으로 스스로의 삶을 가두고 축소케 만드는 의외의 결과를 불러들일지 모른다고 자각했다.

 작품은 작은 글방에서 결과적으로 기록, 완성하는 경우가 많지만,

작품이 이뤄지기까지의 소양과 재능은 기본이고, 너른 행동반경이라는 창작무대, 창작공간에서 마련되는 것이 아닐까. 작가 헤밍웨이처럼 참전과 모험으로 세계 여러 곳을 창작무대로 삼은 경우도 있다. 1차 대전 때 군속으로 참여하여 간호사와 사랑을 나눈 『무기여 잘 있거라』의 북부 이탈리아와 스위스, 멕시코 만에서 낚시를 즐기며 살던 시기에 쓴 『노인과 바다』 등 그 장소들은 그의 창작무대이며 창작공간이기도 하다. 펄 벅의 소설 『대지』의 창작공간은 중국일 것이다. 선교사인 부친을 따가 그곳에서 성장하여 창작한 작품임은 널리 알려져 있다. 이런 문호들의 창작공간이야말로 소개될 가치가 있는 것으로 걸작의 감동을 높여줄 수 있을 것이다.

 1990년대에 후배와 함께 중국의 열하(현재 청더[承德]의 옛 지명)를 방문했었다. 조선 정조 때 역관 박지원朴趾源이 청나라 건륭제의 칠순잔치에 사절로 가면서 보고 들은 것을 적은 『열하일기熱河日記』는 연행록 중 백미로 꼽힌다. 수필가들은 그의 필력을 흠모하고 있다. 그는 연경과 열하의 수많은 문인들, 명사들과 교류하며 그곳의 문물을 보고 여정과 감회를 담았다. 청더[承德] 건륭제의 여름행궁이었던 피서산장避暑山莊에 갔다가 호수를 가로질러 뱃사공이 내려주는 곳에 열하천이 있었다. 열하천은 옛날엔 뜨거운 물이 솟는 일종의 온천이었겠지만 현재는 그냥 물이 고여 있는 조금 큰 웅덩이였다. 겨울에도 강이 얼지 않는다는 뜻의 열하가 유래된 곳이어서 의미 있게 보였다. 특히 피서산장에 상주하는 서예가에게서 내가 좋아하는 명구를 멋진 초서草書로 받아왔다. 그 경구警句를 나의 글방을 지켜주는 수호신으로 삼아 왔다. 시성詩聖 두보杜甫가 재미 삼아 절구 여섯 수를 지었다는 시론詩論 '戱爲六絶句희위육절구' 중 마지막 구절 "轉益多師是汝師" '더욱 보태어 스승이 많아지는 것, 이것이 곧 너의 스승이다. 즉 배울 것이 많아짐이 진실로 배운 게다'라는 뜻으로 대학교 두시언해杜詩諺解 시간에 배운 인상적인 내용이다. 두보가 당시 문인들이 서로 경시하던 세태를 풍자하며 자기가 학습과 창작을 통해 배운 것에 대해 얘기하고 있는 것이라고 한다. 몇 년 전 국립도서관에 갔을 때 4층 열람실 벽에 걸려 있는 서예작품을 보고 깜짝 놀랐다. 면학적인 경구로 붙였다는 똑같은 내용 '轉益多師是汝師'였다. 학구파가 아니면서도 나의 글방에 붙여놓고 얄팍한 감성의 글을 쓰면서 막힐 때마다 그 족자를 쳐다보며 더욱 공부해야 한다고 절감했었기 때문이다.

　문학 작품을 통해 가슴 설레고 나의 시간을 충만하게 해줬던 책들이 지키고 있는 나의 글방, 삶의 덧없음과 맞서서 아름다움을 일깨워줬던 책들이 있는 글방에 있는 춘란 화분이 몇 년째 꽃은 안 피고 무성한 이파리만 너울거려서, 걸작을 못 쓰는 자신을 보는 것 같아 안타깝다. 그러나 햇볕 잘 들고 온도를 일정하게 해주어 내년에라도 꽃 피리라는 희망을 가져본다.

　컴퓨터와 함께 거실로 쫓겨나온 '轉益多師是汝師'라는 잠언을 보면서도 배우겠다는 의지가 약해지는 나를 무엇으로 일깨울까.　(2021.)

귀뚜라미의 전설

 귀뚜라미는 시인보다 먼저 때 묻지 않은 순수한 언어로 가을의 시詩를 읊조린다. 새벽에 뜰에 나서면 불 꺼진 밤에 시를 읊다 떠난 귀뚜라미의 흔적처럼 잎사귀에 말갛게 맺힌 이슬방울. 어디엔가 숨어서 귀뚜라미는 읊조렸던 시에 대한 평가를 숨죽이고 지켜볼 것이다.
 청명하고 높은 가을하늘로 날아오르고 싶지만, 지닌 것은 가냘픈 노래밖에 없어서 인가人家의 불빛 새어나오는 창호문 사이에서 읊조리다가 지창紙窓에 어린 제 그림자에 놀라기도 하리라.
 귀뚜라미는 늦게 태어나기도 했지만 가을이면 사람들에게 다가와 가슴속에 고인 사랑, 영광, 기쁨, 슬픈 비밀을 창밖에서 나직하게 도란거리다가 구슬픈 넋두리는 물기 머금은 소리로 처량하게 울어대는 듯하다. 짧은 계절 동안의 울음이지만 영원의 노래를 지향하는 듯 끊임없이 지속하려고 노력하는 것 같다.
 주변의 아픔에 귀 기울여서 그들 울음소리의 속살에 다가가려는 시도도 못 했던 지난날이 뉘우쳐진다. 첫 수필집을 펴낸 지 오래되었다. 귀뚜라미의 소리가 울음이냐 노래냐, 새가 우는 것인가 노래하는 것인가의 정답을 논하는 것만큼이나 글 쓰는 것이 고통인가 기쁨인가를 단정하지 못하겠다.

귀뚜라미는 고뇌와 외로움으로 지친 가슴에 다가서고 싶은 것을 억누르며 문틈에서 머뭇거린다. 번민하고 회의하는 이에게는 외로운 시간을 주지 않으려고 천장 위에서나 마루 밑에서도 더 크게 울어댄다. 잘 해독되지 않는 언어이지만, 지친 영혼들을 지켜주기 위해 목이 쉬는 줄도 모르고 계속한다.

멀리 숨어서라도 그리운 이의 행동을 감지하여 함께 잠 못 이루고, 때로는 한숨 쉬는 호흡에 맞추느라 초조하여 노래를 멈추기도 한다. 그러다가 꿈속에 빠진 이들의 머리맡에서 어지러운 꿈길을 다독거려 주는 귀뚜라미.

수필은 다른 장르보다 엄격한 규격이나 제약이 없이 집안의 귀뚜라미처럼 사람들의 애환을 잘 감지해내서 엮는 걸로 여기고 출발을 했다. 그러나 시간이 갈수록 세월은 여무는데 글은 쭉정이인 걸 안타깝게 여기게 된다. 그리고 무엇보다도 없어도 아쉬워하지 않고 고요를 원하는 이들을 위해 날이 밝으면 어느 풀숲으로 잠적해 버리는 귀뚜라미 같은 존재여서 허탈한 적도 많았다.

그러나 귀뚜라미는 사연 많은 사람들의 둘도 없는 벗이었던 사실을 잊지 않는다. 귀뚜라미가 없는 가을 저녁은 얼마나 적적할까. 미지의 길을 찾으며 회의하면서도 슬기롭게 견디어내는 인내심을 귀뚜라미는 길러줄 것이다. 의미 깊은 후렴처럼 자꾸만 반복하며 일깨워줘서 삶의 방향을 찾게도 할 것이다.

　우리가 배를 탔을 때 흔들리는 것은 자신의 의지보다는 배의 밑에서 흐르는 물살의 영향이라는 것을 잊을 때가 많다. 우리가 의도하지 않아도 흔들리며 사는 것이 보이지 않는 어느 조화의 힘이라는 걸 귀뚜라미 우는 밤에 깨달아 본 일이 있을 것이다.

　별빛도 흐리고 달빛도 여윈 그믐밤에 귀뚜라미와 함께 새벽을 기다리다가 어둠이 줄어들고 미명의 새벽빛이 번지던 순간, 맘속에 침잠해 있던 작은 불씨가 뚜렷이 떠오르기도 했다. 불씨 같은 작가의 예지.

　어렸을 때 어른들이 예민하고 민첩한 사람을 '귀뚜라미 사촌'이라고 했다. 귀뚜라미의 언어를 모른다고 자탄하기 전에 그들의 신선하고 또랑또랑한 발음을 느낌으로 터득해야 한다. 영혼의 깊이에서 우러나는 청초한 언어의 기도를 미욱하고 둔감한 처지에서 안갯속의 언어이듯 빛깔이나 내음도 터득 못 하고 지내오지 않았는지. 어렴풋하고 그윽한 울림을 소음 사이에서 해독해내야 하리라. 귀뚜라미 울음은 앳된 소리나 노숙한 소리가 구별되지 않고 또랑또랑해서 좋다. 수필 속에도 연륜이나 관록은 느껴지되 허무함을 강조하거나 애상적이지 않고 신선하고 발랄한 생명력과 긴장감이 있었으면 좋겠다. 초원의 한 자락 푸른 그늘에서 노래하는 귀뚜라미의 밝은 소리는 우리에게 위로도 주고 지친 영혼도 맑게 씻어줄 것이다.

숨은 별 찾아내기

모래알처럼 흘러내린 낮 동안의 언어를 풋풋하게 되살려주고, 식물의 잎줄기를 갉아먹으며 고치를 만들고 완전 변태를 하는 나방이처럼 밤의 통로를 거쳐야 문학이 되리라. 정선된 언어로 그렇게 승화되는 멋진 글을 쓰고 싶다.

안개 속에서 맑음과 갬, 바람을 관측하기도 하는 귀뚜라미의 지혜를 우선 닮아야 한다. 그리고 귀뚜라미 노래처럼 공명을 줘서 때로는 울적하게 울고 때로는 우렁차게 합창하게 할 수 있어야 한다.

마른 풀이 쓸쓸하게 물결 지어 흐르는데 귀뚜라미의 노래에 허무와 좌절의 휘파람만으로 화답할 것인가.

흐리고 핏발 선 눈으로 헤맬 때, 맑고 청량한 노래로 우리 삶의 방향과 지표로 인도해 주던 것이 귀뚜라미의 전설이 아니다. 영원히 우리와 동행해야 할 귀뚜라미.

(2024. 개작)

어머니의 강물

시내에 나갔다 돌아올 때면 지하철 2호선을 타고 당산역에서 내려 버스를 갈아타는 코스를 자주 이용한다. 버스로 한 번에 오는 노선도 있지만 당산철교에서 바라보는 한강이 아름답고 시원해서이다. 합정역을 지나 열차가 지하를 벗어날 때쯤이면 나는 미리 자리에서 일어선다. 열차가 당산철교에 오르면 눈앞에 펼쳐지는 시원한 한강, 작은 섬 건너 옛날 양화나루가 있었다는 아름다운 경치의 오른쪽을 보다가 왼쪽으로 고개를 돌리면, 치렁한 한강물에 뿌리를 담그고 있는 듯한 국회의사당의 뒷모습, 석양빛에 물든 하얀 새의 날개가 샛강으로 접어드는 모습도 어쩌다 만날 수 있기 때문이다.

강물이 있는 곳에서 태어나고 자란 때문인지 강물을 보면 친근감이 든다. 강물의 흐름을 보고 있으면 아득히 흘러가버린 시간들과 만나게 된다. 강물이 처음부터 친숙한 것은 아니었다. 꿈이 아니면서 꿈같이 아련하게 내게 각인된 강물의 영상은 슬픈 것이었다. 두 살 때쯤 배를 타고 가던 막막한 시간을 생각한다. 작고 답답한 공간에 갇혀 있던 것 같은 목선의 객실, 그때 무슨 일로 어머니는 나를 업고 가족의 배웅도 없이 강 건너 친척 댁에 가셨을까. 뱃머리는 친척 댁이 있는 곳으로 향하고 있었다. 물길도 보이지 않는 어둑한 객실에서 나는 하늘이 보이는 환기통을 쳐다보며 계속 울었었다. 부드럽게 얼르고 달래는 대신 말없이 엄숙하며 뭔가 슬픔을 안고 있는 것 같은 어머니의 기색에 더욱 겁이 나서 울었던 것 같다. 배에서 내려 친척 댁이 있는 마을까지의 거리는 왜 그렇게 멀었던지. 울음을 안 그치는 내게 "저것 봐라, 저것." 하며 달래는 건지 위협인지 모르게 어머니가 가리키던 시퍼렇게 출렁이던 강물을 잊을 수 없다.

지금도 무언가 먼 것을 갈망하면 이따금 꿈에서 보게 된다. 살면서 이유를 알 수 없는 외로움의 수렁에 빠졌을 때 나도 모르게 그 시간이 되살아난다. 끝내 알 수 없었지만 그때 어머니의 가출에 감춰진 슬픔의 빛깔이 감지되었기 때문이다.

어느 날 나는 강물에 깃광목을 빨아 강둑에서 바래는 어머니를 따라 나갔다. 방망이로 두들겨 빨아 푸르른 강둑에 펼쳐 널어놓았다. 그 위로 팔랑팔랑 하얀 나비가 달콤한 향기의 풀꽃을 찾아 날아다녔다. 평소 살갑기보다 엄했던 어머니도 물가에서는 찰랑찰랑한 내 기분을 맞춰주었으나 이따금 강물 따라 멀리 보내던 외로운 시선을 잊을 수 없다.

그 후로 물이 파랗게 강둑까지 치렁하게 채워져 있으면 가슴이 철렁했고 물이 빠져 둑 밑의 돌멩이와 풀잎이 드러나면 마음이 편안해졌다. 내게 채워져야 할 것이 많음을 느꼈던가. 꿈이란 현실과 거리가 있어서 이뤄지기 어렵지만 빠져나갔던 강물이 다시 채워지듯 꿈도 이뤄질 듯 짐작되었던 강가.

강물 앞에 서면 어디론가 떠나고 싶었던 사춘기, 강물 앞에서 흔들리는 내면을 바라보기도 했다. 중학교 2학년 때 전학 가서 어머니와 떨어져 살면서 불가항력적인 구속에서 벗어나 조금은 후련하고 아프면서, 다듬어지고 힘을 얻었다. 내적인 힘으로 고통의 시련과 괴로움을 끌어안는 동안 가슴속으로 흐르던 세찬 강물소리.

언젠가 어머니에게 가출이유를 물었으나 "세상엔 건널 수 없는 강도 많다. 크면 안다."는 모호한 대답에 당황했었다. 그러나 강물이야말로 바닥이나 그 안에 있는 것을 다 보여주지는 않아도 분명 존재함을 알듯이 대충 느낄 수 있었다.

지하철 옆자리에서 즐겁게 대화하며 가는 모녀를 보며 부럽다가도 침묵과 생략으로도 소통이 되었던 우리 시대의 모정을 생각한다. 그 모정처럼 강물과 우리는 철저한 침묵으로 하나 되고 희망을 안고 흐르는 것으로 보게 된다. 파도라는 겁을 주지 않고 유유하게 흐르는 강물.

어떤 암초나 장애물도 비켜서, 험한 세계의 복판도 뚫고 달려가고 너른 평야도 가로질러 물길은 바다에 닿는다. 자신의 어떤 불행도 인내로 이겨내면 물길이 바다에 이르듯 최선의 경지에 이른다는 것을 아셨을까. 강물은 그냥 무작정 흘러가는, 단순하게 밀려서 흘러가는 것이 아닐 것이다. 강물이 밑바닥에서 알 수 없는 뜨거운 기운이 올라온 물로 역동적이 되는 것처럼 어머니는 신앙의 힘으로 출렁거림을 다스렸다.

어렸을 때는 응석 받아주기에 인색했던 어머니가 자식에겐 수동적으로 살지 않도록 자주적인 능력을 키워주려고 서울로의 진학을 적극적으로 추진해주었다. 새로운 세계를 찾아 뻗어나가려는 나를 뒷받침해주려던 배려를 깨우쳐주려는 듯이 반짝이는 강물.

탯줄로 함께했던 처음의 이어짐처럼 오래전 세상 떠난 어머니와 나는 강물로 진정하게 맞닿아 있다. 겉으로 엄격하고 이성적이었지만 넓은 세계로 이끌어주려던 그 이중적 구조 속에 숨겨놓은 메시지는 무엇이었을까. 수면 위로 떠오르는 자질구레한 보살핌보다 강 밑바닥에서 맑고 세차게 흐를 수 있도록 물길을 터놓으려던 어머니의 바람이 가슴을 오래도록 울리는 것이다. 나는 어디쯤 흐르고 있을까. 무의미한 삶을 되돌아보며 강물 저쪽에서 제시하고 있을 무엇이라도 찾아질 것처럼 강물을 내려다보는 때도 있다.

떨림과 깊이를 알 수 없는 강, 무력감에 휩싸이지 않고 출렁이며 휘돌아가는 물줄기를 따라가고 싶다. 사랑과 역동적인 움직임으로 출렁이고 싶다.

(2006.)

꿈나라 아이들

　겨울철 미각이라면 복어鰒魚 매운탕을 빼놓을 수 없다. 전문요리사가 끓인 국물을 마시면 혈액이 맑아질 것같이 시원하고 기름기 없이 담백한 살은 해독작용과 성인병이 예방된다는 말이 실감 나게 쫀득하다. 과학적으로는 설명이 궁하지만, 맛있는 것을 먹으면 마음이 밝아지고 상상력과 좋은 기억이 되살아나기도 한다. 요즈음엔 미각의 기쁨이 절망을 희망으로 바꿔놓는 특별한 능력도 기대하며 자주 찾고 싶어진다.
　얼마 전, 마포에 있는 복집에 갔다가 케이블TV에서 본 영화 장면이 생각났다. 제목과 내용은 모호한데 수용소의 여성포로가 구운 메뚜기를 먹으면서 "빙 크로스비는 지금 무얼 하고 있을까." 하고 읊조린다. 「화이트 크리스마스」 등으로 알려진 미국의 팝가수, 배우로 40년이나 인기를 누린 빙 크로스비지만, 자신의 미래도 불투명한 포로가 한가하게 가수를 궁금해하는 것이 엉뚱했다. 그러나 배고프다가 고소한 메뚜기의 맛에 행복해져서 '언제나 나는 흰 눈이 내리는 크리스마스를 꿈꾸고 있다.'고 노래하던 화평한 때가 생각나서 나온 말이 아니었을까. 내게도 그런 기억이 있기 때문이다.

　6·25전쟁이 발발한 무렵, 『꿈나라 아이들』이란 책을 사려고 아버지께 책값을 청했더니 "난리가 났는데 꿈나라라니 한가한 소리를 하는구나." 하고 핀잔만 주셨다. 며칠 후 피난지에 가서 과수원에서 시원한 배를 먹으면서 서양아이들이 그려져 있던 멋진 표지의 『꿈나라 아이들』 내용이 궁금했고, 한밤중에 들려오던 기적 소리도 그립고 기차역에서 만났던 화려한 복장의 배우들 안부가 궁금했으나, 어른들이 알았으면 한가한 아이라고 개탄했지 않았을까.

　아버지도 생전에 좋아하셨던 복 매운탕을 주문하고 기다리는 동안 조리실 앞에 걸려 있는 박제된 복어를 본다. 검푸른 바다에서 흉물스러운 몰골로 헤엄치다가 공격을 받으면 공기를 가득 들이마셔 불룩해진 배를 내밀고 자기존재를 과장해 보이려던 복어였으리라. 지느러미를 뻗치며 유유히 헤엄칠 때 놀라서 피하던 물고기도 있었겠지. 이런 한가한 생각을 하는데 종업원이 양념을 얹은 냄비를 가스 불에 올리며, 대충 끓였으니 야채를 데쳐서 먹으라고 한다. 끓는 국물을 보니 생각나는 것이 또 있다. 광활한 바다에서 복어가 바람을 들이마셔 불룩해진 배로 자기를 큰 존재로 여기는 것처럼 과대망상에 사로잡혔던 『돈키호테Don Quixote』이다. 작가 세르반테스는 떠돌이 기사로 모험을 벌이는 『돈키호테』의 첫머리를 '한가한 독자에게'로 시작하였다. 경이롭고 환상적인 모험 이야기여서 누구라도 호기심을 가질 텐데 곧이 '한가한 사람에게'라고 했을까. 새삼 궁금해지면서, 세르반테스도 맛있는 것을 먹었을 때 '한가한 생각'에 빠져서 돈키호테를 구상하지 않았을까, 하는 엉뚱한 상상도 했다.

전쟁에서 한쪽 팔을 잃고 노예로도 팔렸던 그는 감옥 생활과 궁핍 등 온갖 시련을 겪었다고 한다. 따끈한 매운탕 국물을 삼키며 자기의 목숨을 지키려는 본능으로 복어가 알과 간장, 혈액에 테트로도톡신이란 독을 품었듯이 광기에 찬 기사를 그린 세르반테스가 품었던 위대한 꿈과 뜨거운 열정을 생각한다. 극히 위험한 독성이지만 소량小量을 적당히 이용하면 의약으로서 신비한 효과가 있는 복어처럼 그는 파란만장한 생애에서 위기에 처했던 경험, 그 독을 적절히 품었기에 환상적인 돈키호테를 탄생시키지 않았을까.

영화 속의 여인도 수용소에서 풀려나 빙 크로스비의 노래를 들을 수 있다는 기대를 가진 순간부터 온몸을 전율시키는 가슴의 박동소리가 커졌을 것이다. 현실이 곤궁한 경우 정신이 피폐해지기도 하지만 때로는 화려한 환상에 사로잡히거나 신비한 꿈을 꾸기도 한다.

현실보다 좀 낮은 것을 추구하게 하던 아버지는 나의 대학 진학도 2년제 대학을 강요해서, 전쟁 났을 때 『꿈나라 아이들』을 안 사주신 것보다 더욱 섭섭했다. 나중에 4년제로 편입도 시켜주셨고 입학 당시 부모님 입장도 이해하며 감사할 따름인데도, 지금도 새벽기차의 덜커덩 소리가 들려오면 아득했던 아픈 기억이 내닫는다. 상경할 때, 명문대에 간 친구들이 밝은 2등 칸에서 희희낙락하는데, 숨다시피 3등 칸의 맨 뒤로 가던 외로움이다. 옆의 식탁에 앉은 직장인들을 보며,

환상의 꿈꾸는 것보다는 과욕과 경쟁이 만든 허상을 좇다가 상실감을 갖지는 말아야 할 텐데 하는 괜한 걱정을 또 한다.

　얼큰하고 뜨거운 매운탕의 김으로 눈앞이 흐려진다. 현실에 대한 편협한 인식과 맹목적인 집착이 스스로의 삶을 가두고 축소케 만드는 것이라고 뉘우치는 나의 눈물 때문에 더욱 흐려지는 것을.

　세르반테스도 예순 살이 다 되어서『돈키호테』를 완성했다. 자신의 구상이 비현실적이라고 회의를 가졌더라면 이 소설을 완성시키지 못했을 것이다. 미지의 세계에 얽힌 비밀을 찾아내어 새로운 세계를 창조하려는 예술가들의 꿈까지는 못 미치더라도 오래도록 잊히지 않는 문장이라도 담긴 글을 쓰고 싶다.『꿈나라 아이들』이 명작동화가 아니었는지도 모른다. 못 읽어본 것에 대한 아쉬움보다 읽고 나서 오랫동안 잊히지 않는 글을 쓰고 싶은 것이 모든 작가의 소망일 텐데.

　복 매운탕을 먹으며, 상상력이나 좋은 아이디어를 떠올리려던 것도 생뚱맞은 일이라고 저쪽에서 박제된 복어가 흔들리며 약을 올린다. 대양에서 맘껏 밀어붙이던 지난날의 꿈이 박제된 복어와, 아직도 밀폐된 좁은 공간에서 대양으로 헤엄쳐 나가지 못하는 아날로그 인생인 나는 무엇이 다른가.

　아직도 맛있는 것을 먹으면 절망이 희망으로 바뀌는 초능력도 있다고 믿고 싶은 나는 '언제나 나는 흰 눈이 내리는 크리스마스를 꿈꾸고 있다'는 노래를 읊조리며 복집을 나선다.

(2012.)

미완성이 아름다운 것은

　초등학교 3학년 국어책에서 배운 「부벽루와 김황원」에 대한 내용은 오랜 세월이 지나도 잊히지 않는다. 고려 때 해동 제일의 문장으로 칭송받던 김황원金黃元, 1045~1117이 평양의 모란봉과 대동강가에 있는 부벽루浮碧樓에 올랐다. 그는 눈앞에 펼쳐진 절경을 내려다보다가 정자 기둥에 붙어 있는 글들을 읽어보니 하나도 마음에 드는 것이 없었다. 하인에게 그것을 모두 떼어버리게 한 김황원은 자신이 멋진 시를 써서 붙이려고 붓을 들었다.

　　長城一面溶溶水　긴 성을 끼고 흐르는 물 넓기도 해라
　　大野東頭點點山　저 멀리 동편 들머리엔 점 같은 산 산 산

　그런데 일필휘지一筆揮之로 두 구절을 쓰고 나니 더 이상 아름다운 경치를 표현할 문구가 떠오르지 않아 김황원은 당황했다. 아무리 머리를 쥐어짜도 한 줄도 생각이 나지 않아 서성거리다가 정자 기둥에

기대어 노력해 보았으나, 대동강에 아름다운 노을이 물들기까지도 새로운 문구가 떠오르지 않았다. 절묘한 시를 써보려던 애초의 호기는 사라지고 글쓰기의 어려움을 절감한 그는 좌절하여 기둥을 붙잡고 큰 소리로 울다가 어둠 속으로 사라졌다는 내용이다.

지금 생각해봐도 당시엔 교과서에 교훈적인 내용이 많았던지라 남을 무시하지 말라고 겸손을 강조한 건지, 아니면 그 두 줄 문장이 문학적인 절창이어서 교과서에 소개했는지 모르겠다. 수록 취지가 어찌했든 몇십 년이 지나도록 잊히지 않는 것은 문장가로서 느꼈던 김황원의 절망감과 낙담이 너무도 안타깝게 여겨졌기 때문이다. 종일토록 한 구절도 떠오르지 않았을 때 얼마나 황당했을까. 지금도 이 시詩 자체의 완성도를 평가할 실력은 없지만, 아이디어가 떠오르지 않아 붓방아를 찧는 처지에서 김황원의 좌절감에 공감하면서 더욱 잊어버릴 수가 없게 되었다.

그런데 작곡가 슈베르트의 많은 작품들 중에서 '미완성 교향곡'이 사랑받는 것처럼 김황원의 이 시는 잊어버리지 않게 하는 매력이 있다. 『미완성 교향곡』이 형식적으로는 2악장뿐이지만, 충실한 내용과 아름다운 선율이 사람의 영혼을 휘어잡는 데다 온화하고 친근하게 속삭이는 듯한 매력이 있는 것처럼, 이 시도 단 두 줄만의 매력을 품고 있다. 원경遠景을 간결하고 깔끔하게 함축, 묘사한 절묘한 칠언절구七言絶句로 운율도 살아 있다.

음악사상 만년에 작곡을 시작하여 작품을 완성하지 못하고 숨진 작곡가의 작품들이 있다. 모차르트는 『레퀴엠』을 병중에 작곡하다가 끝을 못 내고 돌아가자, 제자 쥐스마이어가 완성을 했다. 일반적으로는 레퀴엠 전체를 연주하지만, 깐깐하게 따지는 사람은 모차르트의 작곡 부분까지만 연주한다고 한다. 브루크너의 마지막 교향곡 제9번도 작곡가가 건강 때문에 3악장까지만 끝내고 4악장을 도저히 완성할 수 없다는 것을 깨닫자, 이 곡을 연주할 때는 자신의 「테 데움」이라는 작품을 3악장에 이어서 연주해 달라고 부탁했다는 것이다.

영국의 사회비평가 존 러스킨(1819~1900)은 아래와 같이 말했다.

우리들은 여러 가지 물건이 미완성이기 때문에 사랑하는 것이다. 미완성이란 인간 생활 법칙으로서 노력이 필요하며 그리고 인간의 정의의 법칙으로서 자애가 필요하기 때문에 신에 의하여 정해진 것이다. 다만 신에게만 완성이라는 것이 존재한다. 그리고 인간의 지혜는 완성이 되면 될수록 더욱 신과 인간과의 사이에 한이 없는 차이가 있음을 느끼는 것이다.

인간 자체가 신을 따를 수 없는 불완전한 존재, 미완성이리라. 그러나 예술작품에서 미완성품과 같다고 할 수는 없으나 완성이 아닌 것은 확실하다.

김황원의 두 줄의 시가 아름답고, 슈베르트의 미완성 교향곡이 아름다운 것은, 그들 작품이 짧은 미완성이어서가 아니다. 시는 짧아도 여러 줄의 표현보다 나은 감칠맛이 있고 음악은 온화하고 다정하며 사람의 영혼을 휘어잡는 매력이 있기도 하지만, 두 사람은 이미 이 작품이 아닌 많은 작품들에서 진가를 발휘하여 그야말로 검증된 인물이기 때문이라는 생각도 가능하다.

  완성이라는 것이 사람들이 지정해놓은 기준에 맞춰서 이루려 하고 평가하는 것이리라. 물론 예술에 있어서 완성도가 약한 것이 미완성이란 것과는 다른 의미이지만, 신의 눈으로 볼 때는 인간이 완성해 놓은 것도 턱 없이 모자란 미완성일 것이다. 생텍쥐페리 같은 작가도 "완전이란 것은 아무것도 덧붙일 것이 없을 적이 아니라, 아무것도 떼어 낼 것이 없을 적에 달성되는 것 같다."고 『어린 왕자』에서 말했다.

  미완성이 아름다운 것은 자신이 부족함을 알고 계속 노력하여 채워나가려는 의욕이 있기 때문이다. 새롭게 변화를 꿈꾸며 새로운 자아를 실현하려는 성실한 자세, 시류에 휩쓸리지 않고 자아형성이 가능할 때 미완성은 빛나는 출발지점이 될 것이다. 그러니까 미완성은 종결이 아니라 또다시 출발점을 삼을 수 있기에 아름다운 것이 아닐까.

(2014.)

아버지의 붉은 자고새

영화 〈마르셀의 여름〉(이브 로베르 감독, My Fathers Glory, 1990)을 보면서 내가 아버지를 자랑스럽게 여겼던 일을 떠올려보았다. 영화에서 큰 아이들을 가르치는 교사 아버지를 자랑스럽게 여기는 마르셀은 아버지, 이모부와 함께 농장으로 여름휴가를 간다. 신과 같은 존재인 아버지가, 이모부에게서 사냥에 대해 배우는 모습에 충격을 받고 실망도 한다. 마르셀은 몰래 아버지와 이모부의 사냥터에 따라간다. 마르셀은 아버지에게 유리하게 하려고 아버지 앞으로 새를 몰아주려다가 길을 잃어버리고, 그곳에서 만난 릴리의 도움으로 길을 찾는다. 그 순간 총소리가 들리고 마르셀 앞에 새가 떨어진다. 아버지가 잡은 붉은 자고새였던 것이다. 붉은 자고새를 잡는 것이 사냥꾼들의 꿈이라는데 아버지는 두 마리나 잡게 되고, 마르셀에게 다시 자랑스러운 아버지가 된다.

마르셀 파뇰Marcel Pagnol, 영화감독·극작가, 1895~1974이 60이 넘은 후 자신의 어린 시절을 회상하며 쓴 자전적인 소설을 로베르 감독이 영화로 만들었다. 아홉 살 어린이의 시선으로 바라보는 세상, 여름방학, 어른들에 대한 추억이 동화 같다. 울창한 산의 온갖 새들과, 백리향과 샐비어가 널린 벌판 등 아름다운 자연풍광이 나의 어린 날을 추억하게 했다.

유년 시절 읍내 소방서 서장이어서 학교 행사 때면 천막 친 단상에 초청받아 앉아계시던 아버지가 자랑스러웠다. 소방서 사무실에 나가면 벽에 걸린 바닷물이 파란 세계지도를 보는 것이 좋았고 소방서원 아저씨들도 잘해 주었다. 특히 설날이면 소방대원들이 편을 갈라 윷놀이를 했는데, 아버지 편이 이겨서 군것질을 나눠 먹던 것도 신나는 자랑거리였다.

최근 이사하면서, 아버지가 생전에 머리맡에 놓고 아끼던 머릿장을 안방에 내놓았다. 마르셀 파뇰처럼 아버지를 신과 같은 존재로 여기던 시절에 아버지가 서류 등을 넣어두던 것이다. 사탕이 귀하던 때라 새콤한 레몬사탕을 거기서 하나씩 꺼내주기도 했고, 학급에서 1등 한 통지표와 상장도 넣어두고 친지에게 자랑도 하셨다. 그리고 그 안에는 여행에 관한 책과 언제, 어떻게 받은 것인지 '賞' 자가 찍힌 『백범일지白凡日誌』 한 권도 있었다.

6·25전쟁 때 허둥지둥 피난 짐을 싸면서도 할머니께서는 반닫이보다 아버지의 머릿장을 챙겨 간 덕에 지금까지 내게 남아 있다. 다른 골동품과 가구는 집에 두고 가서 폭격으로 불탔는데, 유일하게 남은 것이 신기하다. 나는 한동안 구석방에 밀쳐두었는데, 그 머릿장이 우

리네 전통적인 고가구가 아니고 일제 강점기에 구입한 일제여서 소중하지 않게 여긴 것이다. 아니 그보다도 아버지에 대한 추억이 영화에서 아이와 어른들이 유쾌하게 소통하던 것과는 다른 내용이었기 때문이다.

아버지 가신 지 50년이 넘고 보니 아버지에 대한 자랑스러움보다도 자라면서 오해와 섭섭함이 많았던 것이 후회되며 속죄하는 기분으로 잘 보이는 곳에 내놓은 것을 누가 알까.

마르셀처럼 아버지가 자랑스럽던 시절은 오래가지 않았고, 그 명예를 지켜드리려고 노력해 보지도 못했다. 6·25전쟁 휴전 후, 소방서가 민간 의용소방대로 개편되어 소방대장 자리가 없어졌다. 나도 열 살이 넘어 소방대장 아버지가 별로 자랑스럽지 않은 나이가 되었어도 조금은 섭섭했는데, 아버지의 실망은 크셨던가 보다. 술을 과음하셔서 어린 우리들을 주눅 들게 할 때가 많았다.

'서리병아리 같은 것들'. 푸념처럼 뱉으셨는데, 나보다 위에 태어났던 아이들이 참척慘慽하고 넷째인 나부터 자랐던지라 부모에겐 늦은 자녀들이어서 우리들이 제대로 성장하도록 살 수 있을까, 걱정도 하셨을 것이다. 특히 눈 나쁘고 몸이 약했던 나를 과보호하셔서 자유 없음에 툴툴거리기도 했다. 20리 길을 걸어서 소풍을 가면, 중간에 자전거를 타고 나를 데리러 오는 아저씨를 보냈다. 그런 배려보다도 동무들과 들길을 노래 부르며 걷고 싶은 자유를 빼앗긴 것 같아 며칠 동안 말을 안 했던 것 같다.

　대학 진학 때도 집이 대전이었기에 서울에 오래 두기 싫어서 친구들은 4년제를 가는데 2년제 초급대학 아니면 학비를 안 주신다고 해서 얼마나 섭섭했던지. 열악한 학교 형편을 불평하는 편지를 보냈을 때, "학교가 형편없으면 열심히 공부해서 그 학교를 빛내면 되지." 하고 동생에게 말씀하셨다고 한다. 결국은 졸업 후 4년제 대학으로 편입하겠다는 내 고집에 져주신 게 고맙기만 하다. 아니 졸업 후 2년 만에 세상을 떠나셨으니 짧은 앞날을 예감하셨던가 보다.

　아버지의 붉은 자고새는 무엇이었을까. 『백범일지』의 김구 선생처럼 애국하는 것이었을까. 사무실에 커다란 세계지도를 걸어두고 여행기 같은 책을 즐겨 읽으신 아버지는 세계 여행을 꿈꾸셨을까. 아버지가 사냥총을 겨눈 쪽으로 새를 몰아주려던 마르셀처럼 지금은 어떤 도움이라도 드릴 수 있는데. 대화를 나누기에 너무 어렸던 자녀들이었으니 이제야 그 외로움을 알 것 같다.

　눈이 나빠서 자주 찡그리는 내게 얼굴 펴라고 하던 말씀이 들려올 것 같아 머릿장을 쳐다본다. '賞' 자가 찍히진 않았더라도 『백범일지』 한 권이라도 사다가 넣어야겠다.

(2018.)

들찔레꽃

> 하얀 꽃 찔레꽃 순박한 꽃 찔레꽃
> 별처럼 슬픈 찔레꽃 달처럼 서러운 찔레꽃
> 찔레꽃 향기는 너무 슬퍼요.
> 그래서 울었지. 목 놓아 울었지
> … 중략 …

소리꾼 장사익의 노래 「찔레꽃」을 들으면 이 가수처럼 목 놓아 울지는 않았지만 나대로의 슬픈 사연이 생각난다.

철커덕 철커덕, 엿장수의 가위 소리는 찔레꽃 덤불 밑에서 공기놀이 하던 소녀들의 고개를 일제히 소리 나는 쪽으로 돌리게 했다. 수업을 끝내고 집에 와서도 태양의 뜨거운 입김이 찔레꽃 하얀 빛을 바래게 하던 기나긴 6월의 오후. 6월의 메뚜기처럼 어디로든 튀고 싶고 강물 따라 돛을 높이 달고 멀리 떠나고 싶던 초여름 날, 엿장수의 가위 소리가 구원의 나팔 소리처럼 반가웠다.

숨은 별 찾아내기

옆집 가게의 아저씨들도 무료하던 참이라 엿장수를 마중 나가 하얗고 반듯한 엿가락이 놓인 수레를 길 한쪽에 세워놓게 했다. 아저씨들은 엿치기를 하려고 우리들을 두 편으로 갈라서게 했다. ㅎ과 나는 소풍갈 때 자전거로 데려다주던 큰 아저씨 편에 섰고, ㅅ과 ㅇ은 작은 아저씨 편에 섰다. 엿판에서 한 개씩 엿을 집어 든 아저씨들은 '얍' 하는 소리와 함께 뚝 분지르고 부러진 자리에 입김을 세게 불었다. 그리고선 의기양양하게 부러진 부분의 구멍을 보라는 듯이 내밀었다. 큰 구멍의 엿을 쥔 사람이 이기는 엿치기놀이. 3판 양승으로 큰 아저씨가 이겨서 부러뜨린 엿가락을 여러 개 얻어먹었으나, 뒷맛이 개운치 않았다.

엿치기에서 진 작은 아저씨가 돈이 없다고 반값만 내며 엿장수에게 개평 준 셈치고 그냥 가라고 했다. 재룟값도 안 된다고 난처해하던 아저씨의 표정과 초췌한 모습. 읍내 변두리에서 어렵게 산다는 그는 병자病者였다. 그날도 퉁퉁 부은 다리를 절면서도 가위 소리를 청량하게 울리며 읍내를 돌아다녔다. 그때는 많은 집에 식량이 떨어지던 보릿고개였다. ㅎ과 나는 어른들을 설득해서 돕고 싶은 똑같은 마음을 갖고, 며칠 후에 엿장수 집을 찾아가자고 약속을 했다.

뜻하지 않은 6·25전쟁이 발발한 것은 우리 작은 약속만 못 지키게 한 것이 아니었다. 읍내에서 40리 밖으로 피난 갔다가 9·28수복 후 고향에 돌아왔을 때, 우리 집도 ㅎ의 집도 타버려 빈터만 허탈하게 바라보아야 했다. 우리 가족은 변두리에 작은 집을 얻어 살았는데, 오래도록 읍내에 돌아오지 않던 ㅎ네는 할아버지와 아버지가 난리 통에 돌아가셔서 산 밑 헛간 같은 데서 산다는 소식이었다. 학교에도 나오지 않았고, 이듬해 중학교 진학 때도 얼굴을 봤다는 사람이 없어서 안타까웠다. 병으로 고생하던 엿장수도 읍내에 나타나지 않았다.

  중학교 1학년을 마치고 고향을 떠났던 나는 대학 졸업 후, 고향 친구에게서 ㅎ이 읍내 한복판에서 양장점을 하고 있다는 소식에 뛸 듯이 기뻤다. 어려서 키는 작았지만 얼굴이 하얗고 예뻤는데 어떻게 변했을까. 일반 학교는 못 다녔지만, 양재학원에 다녀서 번듯한 양장점을 차렸다는 것이 무엇보다 대견했다. 마침 고향 선산에 다녀오면서 ㄱ읍에 들를 수 있어서 얼마나 다행이었는지. 가게 문을 밀치고 들어서자마자 "ㅎ이 맞지 나 중앙동에 살던 아무개야." 내가 말했을 때, 당연히 놀라며 반가워할 줄 알았던 ㅎ이 너무도 냉담하게 모른 척하는 것에 의아하여 나는 어설프게 눈물을 흘리다가 그대로 돌아 나오고 말았다. 대전행 막차 표를 예매했기에 그동안 그리움의 언어를 어떻게 다 쏟아놓을까 미리 걱정하고 있던 터였는데.

  6·25전쟁이 준 피해는 휴전까지 3년 동안 450만 명의 인명이 죽거나 다쳤고, 남한의 43%의 산업시설과 33%의 주택이 파괴되었다는 통계이다. 이런 국가적인 피해 밖에도 개개인의 인성이 파괴되고 입은 상처는 어찌 숫자로 헤아릴 것인가.

  ㅎ은 유년주일학교도 함께 다니면서 모세 등 성경얘기도 많이 듣고 이따금 옥녀봉에도 올라 넓게 펼쳐진 논산평야와 금강 물을 내려

다보며 어디론가 멀리 떠나고 싶은 꿈을 이야기하던 것을 기억하고 있을까.

장사익의 대표곡인 「찔레꽃」은 장사익이 어느 날 집 앞 화단에 핀 장미를 발견했는데, 그때 어디선가 싸한 향내음이 바람을 타고 날아왔다고 한다. 그 향기가 장미에서 나는 향기인 줄 알고 코끝을 장미에게 댔는데 그 향은 장미에게서 나는 것이 아니었다. 그것은 장미 뒤에 조용히 숨은 하얀 찔레꽃이었다. 그때 장사익은 털썩 주저앉아서 울기 시작했다. 자신이 바로 들찔레꽃이라는 것을 깨달은 것이다. 「찔레꽃」은 이날 있었던 일을 노래로 만들어 부른 것이라고 한다.

나의 노력으로 얻은 기술과 실력보다 우연의 힘으로 승부가 결정되던 엿치기처럼, 집안형편이 좀 나았기에 교육을 좀 더 받은 나는 안일하게 사노라 남에게 유익을 주는 향기를 마련하려고 노력했는가. 어려서부터 가족을 열심히 부양하고 남의 옷을 공들여 아름답게 지어주려고 노력하는 ㅎ이 숨어서 싸한 향을 내는 들찔레꽃이 아닐까.

(2019.)

운이 좋아서

사무실에 들어서니 책상 몇 개가 비어 있었다. 여느 때 같으면 남보다 일찍 출근해서 문간의 녹음기 앞에 앉아서 전날 녹음한 테이프를 잘라내는 편집을 하던 Y 선배, 시속 몇km로 한강다리를 건너서 25분 만에 출근했다고 당시 많지 않던 마이카족으로서 과속운전을 뽐내던 K 선배, 평소 책상에 테이프와 책을 높게 쌓아놓았던 M 피디 책상도 말끔했다.

1980년 신군부의 언론 통폐합 조치로 비판언론인들을 강제해직시킨 일은 충격이어서 잊히지 않는다. 내게 제작의 기초를 알려주고 도움을 주었던 H 선배의 빈 책상을 바라보다가 눈길을 돌려 다른 동료들을 보니 모두 침울하게 앉아 있었다.

그때는 인간적인 헤어짐에 대한 섭섭함이었지만, 시간이 지나면서 남은 사람들은 대개 학부형인 그들이 생활과 학자금은 어떻게 할까 하는 실제적인 걱정으로 이어졌었다. 미국으로 이민 간 동료도 있고 일단 유학을 떠난 이는 괜찮은 편에 속했다. 학원 영어강사와 과

외공부선생님을 하는 이도 있고, 부인이 보험설계사를 하고 내복가게를 열었다고도 했다. 회사에 남아 있던 어떤 동료는 명절마다 과일과 쌀을 보내어 위로하고, 몇몇은 학자금을 모아주는가 하면 내복가게에 가서 많이 구입하고 보험에 들어주는 등 작은 도움을 주었다고 한다. 나는 한 동료부부를 북한산에 있는 고급음식점에 초대하여 위로랍시고 대접했으니 생활대책이 막연한 이에게 너무 어울리지 않은 처사였다.

직장에 남아있던 우리도 어두운 세태와 환경에 시달리느라 해직 동료들에 대한 관심도 희미해져 갈 무렵 어느 시인의 작품을 보고 다시 생각하게 되었다. 독일의 극작가, 시인 베르톨트 브레히트Bertolt Brecht, 1898~1956의 『살아남은 자의 슬픔』이라는 시집이 1980년대에 김광규 시인의 번역으로 알려졌는데 그 안에는 시집 제목이기도 한 「살아남은 자의 슬픔」이 있었다.

"물론 나는 알고 있다./ 오직 운이 좋았던 덕택에/ 나는 그 많은 친구들보다 오래 살아남았다./ 그러나 지난 밤 꿈속에서/ 이 친구들이 나에 대하여 이야기하는 소리가 들려 왔다./ "강한 자는 살아남는다."/ 그러자 나는 자신이 미워졌다."

브레히트가 1942년 초에 쓴 시의 원제는 「나, 살아남은 자」인데, 김광규 시인의 번역대로 우리에게는 「살아남은 자의 슬픔」으로 알려졌다. 브레히트가 50대 중반에 쓴 시로 1, 2차 세계대전 중에 많은 이들이 죽은 것을 보고 살아남은 자신이 운이 좋았다고 여겨서 쓴 것 같았다. 그는 「사상의 명부」(1941)라는 시에서 실제로 먼저 간 친구들을 밝혔다. 모스크바에서 병사한 슈테판, 스페인 국경에서 자살한 벤야민, 베를린 시대의 영화감독 콕호 등이었다. 나는 일찍이 6·25전쟁, 4·19혁명 등에서 살아남았으니 운이 좋았는가. 1980년대 젊은이들은 민주화의 투쟁에서 많이 목숨을 잃고, 고문당해 정신이상이 되고, 감옥에 가기도 했다. 그런 암흑 속에서 살아남은 자들도 브레히트처럼 '오로지 운이 좋아서'가 아니라 '더 강해서'라고 말을 할 수 있을까. 나의 생존의 이유를 나 자신의 힘으로 돌리는 '나'. 그렇다면 '살아남지 못한 친구들'은 그들이 '덜 강해서' 살아남지 못했단 말인가? 나는 민주화 과정에서 살아 있는 자와 해직에서 살아남은 자들이 희생된 사람들보다 더 강해서라거나 약해서라는 생각도 하지 않고 살아왔다.

몇 년 후 독일영화 〈타인의 삶Das Leven der Anderen〉(2006. 독일)에서 그야말로 운이 좋은 사람을 만났다. 동독의 비밀경찰 비슬러는 극작가 드라이만과 연인 크리스티가 사는 집을 도청하여 상부에 보고해야 하는 일을 했다. 플로리안 헨켈 본 도너스마르크라는 긴 이름의 각본·감독 작품인데, 베를린 장벽이 무너지기 전 동독東獨이 무대로, 비슬러(울리히 뮤흐 扮)는 서독과 가깝다고 의심되는 동독 최고의 시인·극작가 드라이만(세바스티안 코치 扮)과 인기 여배우 크리스티(마드리나 계덱 扮) 부부를 도청, 감시한다. 사소한 문제까지 타이핑하고 보고해서 체포하기 위한 중대 임무를 수행한다. 감쪽같은 도청장치로 감시하다가 두 연인의 아름다운 사랑과 예술을 좋아하는 모습에 감동한다. 드라이만이 존경하는 스승의 죽음을 애도하며 크리스티에게 들려주는 피아노연주 베토벤의 「아름다운 영혼의 소나타」를 들으며 냉혈한의 가슴에도 위로가 되어 눈물을 흘린다. 드라이언의 빈 집에서 책상 위에 있던 브레히트의 시집 『살아남은 자의 슬픔』을 갖고 와서 읽는 비슬러의 눈가에 비치던 눈물의 장면도 잊히지 않는다. 그동안 이념과 체제에 저당잡힌 채 '타인의 삶'을 살아온 자신에 대한 회한으로 그의 마음은 변하기 시작, 자신의 주체적 삶을 회복한다. 비슬러는 당국에 거슬리는 그들의 행동을 보더라도 보고서를 허위로 작성하여 보내기로 마음을 바꾼다. 결국 감시소홀로 자신은 우편배달부로 좌천되었지만, 진정한 자아 찾기를 할 수 있었던 비슬러는 운이 좋은 사람에 속할 것이다.

해직되었던 이들도 10년 만엔가 복직의 기회가 주어졌고, 민주화 투쟁에서 살아남은 이들 중엔 이른바 출세하기도 했으니 그들도 운이 좋아서인가.

오랫동안 불의와 싸우는 데 앞장서지 못하고 비겁한 침묵의 관찰자로 오래 살아남은 생존자인 나는 운이 좋아서였다고 말할 수 있을까.

(2023. 3.)

작가 연보

- 1940. 4. 14. (음 3월 7일) 충남 강경읍 홍교동에서 아버지 유웅렬柳雄烈, 어머니 윤석순尹錫順의 3남 2녀 중 장녀로 태어남.
- 1949. 강경중앙국민학교 4학년 때 진취적인 꿈을 갖게 해주신 담임 심연봉 선생님을 만나다.
- 1953. 강경여중 1학년을 마치고 공주여중으로 전학하다. 다시 중학교 3년 2학기 때 대전여중으로 전학하여 중학교 교적이 세 군데나 됨.
- 1955. 충남고등학교(당시 대전서여고) 입학 후, 선생님 몰래 친구들과 영화구경을 다님. 〈로마의 휴일〉, 〈성의〉 등이 인상적이었다. 2학년 때 교내 문예 콩쿨에서 시 「기러기」가 우수작으로 뽑혀 고광수 선생님한테서 문과대학 진학 권유를 받았다.
- 1958. 친구들과 함께 E여대에 진학하고 싶었으나 2년제 사범대학 진학을 강권하는 아버지의 뜻대로 세종대학교(당시는 수도여자사범대학) 국문과에 입학. 졸업 후 조교로 2년간 근무.
- 1962. 3. 동국대학교 국문과 3년 편입. 양주동 서정주 조연현 이병주 교수 등 석학과 문단중진들이 이뤄놓은 학풍과 문학의 향훈 속에서 수학할 수 있었던 것은 지금 생각해도 행운이다.
- 1964. 1. 월간 《여원》의 신인여류상 시부문 최종심에 오름.
    2. 동국대학교 4년 졸업.
- 1966. 문화방송 기획연구실에 입사, 1967년 라디오 프로듀서.
- 1968. 1. 《경향신문》 신춘문예 시 부문 「아가雅歌」가 최종심 2편에 오름.
    문학성보다 여성PD라는 희소 직업인으로 원고청탁을 받아 수필 아닌 잡문을 많이 씀.
- 1972. 기록되지 않는 전파매체의 허무를 느껴 산문집 『돌아오지 않는 메아리』 출간(홍은출판사).
    월간 《수필문학》 12월호에 신인가작 「청개구리의 변명」으로 수필계에 데뷔.

- 1973. 한국수필가협회 회원.《수필문예》(《한국수필》 전신)』에 수필 「종소리」 발표. 정식 수필 쓰는 자세를 가지려고 함.
- 1974. 한국수필 75인집 『우리가 잃어가는 것들』(한국수필가협회편, 범우사)에 「종소리」 수록.
- 1975. 『한국수필문학대전집』 제20권(범조사)에 「달빛에 담는 사연」 외 6편 수록.
- 1976. 월간 《수필문학》 2월호에 「병풍 앞에서」, 11월호에 「바가지」 발표로 한국인 미의식을 담은 작품으로 평가받음. 70년도 중반부터는 경제성장으로 잊혀가는 전통적인 미의식과 가치를 추구하는 수필을 주로 씀. 한국여성문학인회·한국문인협회·한국수필문학진흥회 회원.
- 1977. 3. 제2수필집 『거울 속의 손님』(동서문화원) 출간. 문화방송과 경향신문이 합병, 이력서를 다시 안 내고 인쇄매체에 갈 수 있다는 단순한 발상으로 경향신문 편집2국 기자로 이적.
- 1979. 12. 2주일 동안의 해외출장으로 일본·대만·태국·홍콩 등을 돌아봄.
- 1981. 4. 주)문화·경향이 분리되어 문화방송으로 돌아옴. 여성 수필가 9인 공저 『진달래와 흑인 병사』(범우사) 편집·출간.
   10. 수필문우회 창립회원.
- 1982. 2. 수필집 『세월의 옆모습』(범우사) 출간으로 제4회 현대수필문학상 수상 (수필문학진흥회).
- 1982. 서울신문 '생활 속의 여류수상'(5~9월. 5회),
- 1983. 9. 동국대학교 대학원 국문과에 입학, 논문 「고전수필 삼관규고」. 석사가 된 것은 1988년.
- 1984. 동아일보 〈여성칼럼〉(5~8월 8회) 집필.
- 1985. 6. 수필집 『어머니의 산울림』(교음사) 출간.
- 1985. 11. 수필문학진흥회 세미나 '나는 왜 수필을 쓰는가' (유성 만년장).
- 1986. 서울신문 칼럼 〈고임돌〉(5~7월 7회) 집필.
- 1988. 한국여성문학인회 이사
- 1990. 김후란 외 여성문인 13인이 털어놓는 나의 아버지 『상사꽃 아버지』(언어문화사)에 「한 손을 높이 쳐들면」 수록.
- 1992. 5. 수필집 『절반은 그리움 절반은 바람』(제3기획) 출간.

     6. 방송작가협회 『러시아·동구탐방』에 참가. 철의 장막 안에 숨겨져 있던 보석들을 접한 감동여행.
    12. 제29회 한국문학상(한국문인협회 주관) 수상.
- 1993.　서울신문 「굄돌」(2~7월 8회) 집필.
- 1993. 10. 수필문학진흥회 세미나 「수필과 저널리즘」에서 '방송매체를 통한 수필인구 확장의 가능성' 발표(인천 송도 가천인력개발원)
    11. 제1회 방송문화진흥대상 라디오 부문 수상, 부상으로 유럽 여행.
- 1994. 3. 31. EBS-TV 「문학산책」 '수필에로의 초대' 출연(김우종, 윤재천, 변해명과 함께)
- 1995.　수필소재의 폭을 넓혀 클래식 명곡을 소재로 한 문학과 음악의 만남인 음악에세이를 『월간 에세이』에 연재(1995. 11.~1997. 12.)
- 1997.　제15회 한국수필문학상(한국수필가협회) 수상. 문화방송 라디오국 부국장 대우 PD.
- 1998. 6. 수필가협회 세미나 제17회 「꽃을 주제로 한 한국수필의 현장」(인천 올림포스 호텔)
    7. 음악에세이 『음악의 숲에서』(한울) 출간.
    9. 제25회 한국방송대상 라디오PD 부문 수상. 문화방송 정년퇴임.
- 1999. 7. 수필선집 『꿈꾸는 우체통』(선우미디어) 출간.
- 2000. 5. 방송위원회 보도교양부문 제1심의위원
    12. 수필선집 『종소리』(교음사) 출간.
- 2001.　국민일보 「여의도에세이」(5~7월 10회) 연재.
- 2002. 5. 방송위원회 '이달의 좋은 프로그램' 심의위원(2003년 4월까지).
    7. 수필집 「자유의 금빛 날개」(선우미디어) 출간.
    9. 제18회 한국펜문학상 수상
    12. 한국수필문학가협회 부회장.
- 2003.　「자유의 금빛 날개」 문예진흥원 우수도서 선정.
- 2004. 6. 음악에세이2 『차 한 잔의 음악읽기』(선우미디어 문예진흥원 출판기금수혜) 출간.
- 2005.　한국문학진흥재단·수필시대 주최 〈우리수필 전통의 맥은 이어지는가〉

　　　　　세미나에서 '1930년대 수필과 현대수필·한국전통수필의 미래' 발표(수안보 호텔).
- 2006. 8. 재미수필문학가협회 주최 제14회 해변문학제「한국현대수필 소재의 변화」(LA 휘 포인트 벤츄라 하버타운호텔).
- 2007. 4. 제20회 동국문학상 수상.
　　　　6. 음악에세이3 『음악의 정원』(선우미디어) 출간.
　　　　11. 한국수필가협회 3대 이사장으로 취임.
- 2008. 5. 한국수필가협회 주최「한국문화재수필과 일본문화재수필」(오사카 시바료타로문학관).
- 2009. 4. 『사막의 장미』(10일 선우미디어) 출간, 팬 사인회 '대화가 있는 공간' (4월 25일 교보문고 강남점 채움홀).
- 2009. 9. 한국수필가협회 제15회「수필의 전망과 교류」(대만대학교 문학대학 강연장).
- 2010. 1. 롯데 잠실 목요수필 특강「음악과 문학」.
- 2011. 5. 제4회 조경희 수필문학상 수상.
　　　　9. 음악에세이4 『음악의 에스프레시보』(선우미디어) 출간.
- 2012. 7. 올해의 수필인상 수상(수필의 날 여수).
　　　　9. 한국여성문학인회 주최『전혜린의 문학』재조명 중「전혜린 작품에 열광하는 이유」(문학의 집·서울).
- 2013. 3. 『스마트한 선택』(선우미디어 문화예술위원회 문학창작기금 수혜)출간.
　　　　5. 제5회 흑구문학상 수상.
- 2014. 3. 격월간《그린에세이》편집인으로 취임.
- 2015. 6. 한국수필가협회 제34회 국내 심포지엄「미래수필문학의 발전방향」'한국수필 속 기행수필' 발표(문학의 집·서울).
　　　　8. 제2회 미주연합문학캠프 중「한국현대수필 50년의 변화와 발전 방향」(미주한국문인협회, 미수필문학가협회 등 LA Garden Suite Hotel).
　　　　10. 한국수필가협회 해외세미나「문화재수필의 문학적 가능성」(로마한인교회).
- 2016. 9. 음악에세이『음악의 알레그레토』(인간과 문학사) 발행.
- 2017. 6. 『아침에 떠나는 문화재산책』(선우미디어) 출간.

- 2018. 4. 『미완성이 아름다운 것은』(선우미디어) 출간.
          12. 문인협회 주관 조연현문학상 수상, 시선 올해의 작품상 수필부문 수상.
- 2019. 6. 한국문인협회 제42회 책사랑운동 작품낭독회에 초대문인으로 주제 강연(차선책의 아름다움)과 작품 낭송(교보문고 광화문점 배움홀).
         10. 『꿈의 위로』(시선사) 출간.
- 2020. 4. 제2회 윤재천문학상 수상.
         11. 수요문학광장 '이 작가를 말한다'(문학의 집·서울) 최원현 수필가·평론가와 문학의 뿌리와 비전 등 대담으로 진행.
         12. 청하문학상 수상.
- 2021. 6. 음악에세이6 『음악의 페르마타』(선우미디어) 출간.
          9. 원종린수필문학상 수상.
- 2022. 7. 『손의 온도는』(선우미디어) 출간.
         12. 제9회 김태길수필문학상 수상.
- 2023. 9. 수필문우회 제6대 회장으로 취임.
- 2025. 6. 『오빠 생각과 아욱국』(선우미디어) 출간.

■ 음악에세이 연재
- 《월간에세이》에 26회 연재(1995.10.~1997.12.)
- 주간 《한국기독공보》에 격주로 140회 연재(2001.10.~2007.11.)
- 계간 《수필세계》에 20회 연재(2004.가을호~2008..겨울호)
- 《한국수필》에 36회 연재(2010.1.~2012.12.)
- 월간 《헌정》에 6회 연재(2011년)
- 월간 《창조문예》에 12회 연재(2012.1.~12.)
- 주간 《한국문학신문》 'Four Art Focus'에 음악산책 10회 연재(2015.7.~ 2016.4.)
- 《계간수필》에 '이 계절의 음악'에 33회 연재(2016. 여름호~2021. 겨울호)

■ 문화재수필 연재
- 문화재를 주제로 문학적 수필 시도 《한국수필》에 문화재산책 45회 연재(2011.7~2015.4)